Français interactif I
2019 Edition

0. Bienvenue!
1. Bonjour!
2. Me voici!
3. Les vacances en France
4. Les gens
5. Bon appétit!
6. La ville
7. Les fêtes
8. La maison
9. Médias et communications
10. Mode, forme et santé
11. Les études
12. La vie professionnelle
13. L'amour et l'argent
Carte du site

Abridged Edition for
Tompkins Cortland Community College

Printing provided through the State University of New York Press and SUNY OER Services

State University of New York Office of Library and Information Services
10 N Pearl St
Albany, NY 12207

Cover image by Jacob Peters-Lehm on Unsplash at https://unsplash.com/photos/L53YebBmLkM

ISBN: 978-1-64176-083-6

Table of Contents

Glossary of Symbols : How to Use Français interactif 6

0. Bienvenue! 13

1. Bonjour! 17

2. Me voici! 33

3. Les vacances en France. 59

4. Les gens 85

5. Bon appétit! 109

(Remaining chapters omitted from Français Interactif Pt. 1)

Glossaire 321 (137)

THE UNIVERSITY OF TEXAS AT AUSTIN
Center for Open Educational Resources and Language Learning

Français interactif, *www.laits.utexas.edu/fi*, the web-based French program developed and in use at the University of Texas since 2004, and its companion site, **Tex's French Grammar** (2000) *www.laits.utexas.edu/tex* are free open educational multimedia resources (OER), which require neither password nor fees. OER promote learning and scholarship for everyone, everywhere! **Français interactif**, used increasingly by students, teachers, and institutions throughout the world, includes 320 videos (American students in France, native French interviews, vocabulary and culture presentation videos) recorded vocabulary lists, phonetic lessons, online grammar lessons (600 pages) with self-correcting exercises and audio dialogues, online grammar tools (*verb conjugation reference, verb practice*), and diagnostic grammar tests. The accompanying textbook of classroom activities and homework is downloadable from the website in pdf format and available from the online publisher, *lulu.com*.

Français interactif was developed at the University of Texas Austin in the Department of French and Italian. It has been funded and created by Liberal Arts Instructional Technology Services at the University of Texas, and was financially supported by the U.S. Department of Education Fund for the Improvement of Post-Secondary Education (FIPSE Grant P116B070251) as an example of the open access initiative.

Fourth Edition

© 2019, Center for Open Educational Resources and Language Learning (COERLL)
ISBN: 978-1-937963-20-0
Library of Congress Control Number: 2017958422
Manufactured in the United States of America.

(CC-BY) This work is licensed under a Creative Commons Attribution 4.0 International License. To view a copy of this license, visit http://creativecommons.org/licenses/by/4.0/ or send a letter to Creative Commons, PO Box 1866, Mountain View, CA 94042.

You are free to:

Share — copy and redistribute the material in any medium or format

Adapt — remix, transform, and build upon the material

for any purpose, even commercially.

The licensor cannot revoke these freedoms as long as you follow the license terms.

Under the following terms:

Attribution — You must give **appropriate credit**, provide a link to the license, and **indicate if changes were made**. You may do so in any reasonable manner, but not in any way that suggests the licensor endorses you or your use.

No additional restrictions — You may not apply legal terms or **technological measures** that legally restrict others from doing anything the license permits.

Contributors

Produced by Department of French and Italian University of Texas at Austin COERLL

Karen Kelton, Lower Division Coordinator, 2003-2006
Nancy Guilloteau, Lower Division Coordinator, 2006 -
Carl Blyth, Lower Division Coordinator, 1993 - 2002

Web, design, multimedia, cms:
 Eric Eubank
 Rachael Gilg
 Nathalie Steinfeld

Developers:
 Carl Blyth
 Nancy Guilloteau
 Karen Kelton

Audio recording:
 Mike Heidenreich

Audio recording Phonetics:
 Jean-Pierre Montreuil

Vocabulary lists:
 François Lagarde
 Nora Megharbi
 Cécile Rey
 Nicholas Bacuez

Video voice-overs
 Rudy DeMattos
 Aicha Ennaciri
 Franck Guilloteau
 Nora Megharbi

Graduate student developers
 Nora Megharbi
 Charles Mignot
 Lindsy Myers

Graduate students
 Nicholas Bacuez
 Simone Barilleaux
 Katy Branch
 Claire Burkhart
 Christine Deden
 Rudy DeMattos
 Emilie Destruel
 Robyn Falline
 Carolyn Hardin
 Elizabeth Hythecker
 Karen Jones
 Sabrina Parent
 Rachel Pate
 Robert Reichle
 Cécile Rey
 Bea Schleppe
 Ellenor Shoemaker
 Melissa Skidmore
 Julia Tyurina
 Meredith Wright

Linguistic consultation
 David Birdsong
 Jean-Pierre Cauvin
 James Davis (Univ of Arkansas)
 Knud Lambrecht
 Jean-Pierre Montreuil
 Dina Sherzer

Support
 French and Italian, Former Chair: Dina Sherzer
 French and Italian, Chair: Daniela Bini
 Liberal Arts ITS, Director: Joe TenBarge

Interviewees
 Stéphanie Pellet
 Franck Guilloteau
 Virginie Royer
 Jean-Charles Bossert
 Karen Burke
 Blake Dublin
 Laila Kiblawi

Inspiration
 UT students in the Lyon Summer Program:
 Relations Internationales, Université Jean Moulin Lyon 3
 Audrey and Camille Guilloteau
 Tex and Tammy

Photos
 Kim Espinosa
 Shannon Kintner
 Jillian Owens
 Robert Reichle
 Ellenor Shoemaker

Illustrations
 Walter Moore

Awards

Français interactif was awarded the "2009 CALICO Access to Language Education Award", from CALICO, (Computer Assisted Language Instruction Consortium), Lernu.net and the Esperantic Studies Foundation, for an open access web site offering exceptional access to language learning resources.
(http://calico.org)

Français interactif received the National Endowment for the Humanities Edsitement Award for "Best of Humanities on the Web Award" in 2005 and both **Français interactif** and **Tex's French Grammar** received 5-star reviews on MERLOT (Multimedia Educational Resource for Learning and Online Teaching). The MERLOT reviews cite the 'intrinsically interesting and engaging content, clean design, and clear and intuitive navigation,' which provide 'access to a wealth of high-quality language materials for a truly worldwide audience.' (http://www.merlot.org/merlot/viewCompositeReview.htm?id=350514)

Glossary of Symbols
How to Use Français interactif

Vocabulary
The vocabulary, both online and printed, is a comprehensive list of the chapter's key vocabulary items arranged according to semantic fields, e.g., salutations, colors, days of the week, etc. Students listen to the native speaker pronunciation and may download the files in mp3 format. Students complete the vocabulary preparation using a template which guides them to identify salient associations, cognates, and word families. Students also categorize vocabulary in the "Chassez l'intrus" exercises.

Phonetics
The phonetics section introduces essential aspects of French pronunication. Each phonetics lesson focuses on the chapter's vocabulary (recycles previously learned vocabulary).

Preparation Exercises
(to prepare at home in textbook
Students prepare these exercises in the printed material before coming to class. During class instructors may use many different techniques to check responses: choral participation, pop quizzes, or pair and small group discussions.

Online Video Clip (to prepare at home)
Students watch videos and prepare the corresponding exercises before coming to class. Each chapter contains three different knds of videos:

- **Introductory video**, a short video of a student on the study abroad program who presents the chapter's thematic and grammatical material. The introductions also include a preview of the communicative tasks that form the basis of the lesson.
- **Vocabulary presentation videos (vocabulaire en contexte)** which present vocabulary items in an authentic cultural context. The vocabulary video captures native speakers who use the new vocabulary in a context that provides important visual support. For example, a fruit vendor names each type of fruit on sale at the market that day. Students watch these short videos several times. First they try to recognize the vocabulary words in context. During subsequent listenings, students try to piece together what the speaker is saying. And finally, students are asked to perform a written activity based on the video.
- **Interviews** of four native French speakers (Franck, Virginie, Jean-Charles, and Stéphanie) and three American students learning French (Laila, Blake, and Karen). In these spontaneous interviews, speakers respond to questions that require them to employ the grammar and vocabulary featured in the chapter. Transcripts and English translations are available, but students are encouraged to watch the videos without this visual support.

Online Grammar (to prepare at home)
Students access the Tex's French Grammar website to study individual grammar points before coming to class. Grammar items are carefully explained in English, then exemplified in a dialogue, and finally tested in self-correcting, fill-in-the-blank exercises. Students print out their answers to these "Texercises" to turn in to their instructor. Instructors may also use these exercises as pop quizzes. Tex's French Grammar also includes a verb conjugator, a verb tutor, and an on-line French dictionary.

Pair Exercises
Students complete pair exercises in class with a partner. They ask each other questions and report their responses back to the class, read and categorize true/false or bizarre/normal sentences, fill in the blanks, etc.

Class or Group Exercises
Group exercise involve groups of three or four students, or the entire class.

Listening Comprehension Exercises
Listening exercises are led by the instructor and include listening discrimination exercises and dictations.

Homework Writing Exercises (to turn in)
Students write out homework assignments on a separate sheet of paper to turn in to their instructor. Homework includes the "Texercises" on the Tex's French Grammar website as well as several writing assignments in each chapter.

Cultural Notes
Students read information about cultural topics related to the chapter's content. Culture videos enhance the cultural notes in many chapters.

Grammaire interactive
Students complete inductive grammar exercises as homework

Chansons exercises
Students listen to songs and perform accompanying activities.

Using the textbook with the website

Vocabulaire
- fiche d'identité
- questions personnelles
- la famille
- les amis
- mots interrogatifs
- l'heure
- l'heure officielle
- passe-temps et activités
- adverbes
- continents, pays, nationalités

Phonétique
- les symboles phonétiques
- l'élision
- la liaison

Grammaire
- 2.1 avoir 'to have'
- 2.2 -er verbs
- 2.3 possessive determiners
- 2.4 yes/no questions: est-ce que, n'est-ce pas
- 2.5 basic negation: ne... pas
- 2.6 introduction to adverbs
- 2.7 interrogative and exclamative quel
- 2.8 introduction to adjectives
- 2.9 adjectives: formation and placement

- testez-vous!, chapitre deux
- verb conjugation reference
- verb practice

Vidéos
Vocabulaire en contexte
- Franck Guilloteau - me voici
- Franck Guilloteau - ma famille
- l'heure
- les passe-temps Audrey et Camille
- l'heure
- les continents
- les pays

Interviews
- questions personnelles
- ma famille

Culture
- la voiture de Franck

---

table des matières

introduction
Me voici!
In this chapter we will talk about ourselves, our families, our pastimes, and nationalities. We will also learn how to tell time.

liste de vocabulaire

préparation du vocabulaire
- fiche d'identité
- questions personnelles
- la famille
- les amis
- mots interrogatifs
- l'heure
- l'heure officielle
- passe-temps et activités
- adverbes
- continents, pays, nationalités

phonétique
les symboles phonétiques

grammaire
Tex's French Grammar
- 2.1 avoir 'to have'
- 2.2 -er verbs (regular) present tense
- 2.3 possessive determiners
- 2.4 yes/no questions: est-ce que, n'est-ce pas
- 2.5 basic negation: ne ... pas
- 2.6 introduction to adverbs
- 2.7 interrogative and exclamative quel
- 2.8 introduction to adjectives
- 2.9 adjectives: formation and placement
- testez-vous!, chapitre 02
- verb conjugation reference
- verb practice

vidéos
vocabulaire en contexte
- Franck Guilloteau - me voici
- Franck Guilloteau - ma famille
- les passe-temps Audrey et Camille
- l'heure
- les continents
- les pays

interviews - les Français à Austin
- questions personnelles   Franck J-C Stéphanie Virginie
- ma famille   Franck J-C Stéphanie Virginie

interviews - les étudiants - UT Austin
- questions personnelles   Blake Karen Laila
- ma famille   Blake Karen Laila

culture
- la voiture de Franck

@ activité internet
- un correspondant français
- activité, au cinéma

PDF: chapitre deux 2009

- cahier_02.pdf
- grammaire_interactive_02.pdf

- Purchase the Français interactif textbook in print-on-demand format (black and white or color)
- Download the pdf of each individual chapter and print it yourself!

00 · 01 · 02 · 03 · 04 · 05 · 06 · 07 · 08 · 09 · 10 · 11 · 12 · 13 · map · icons

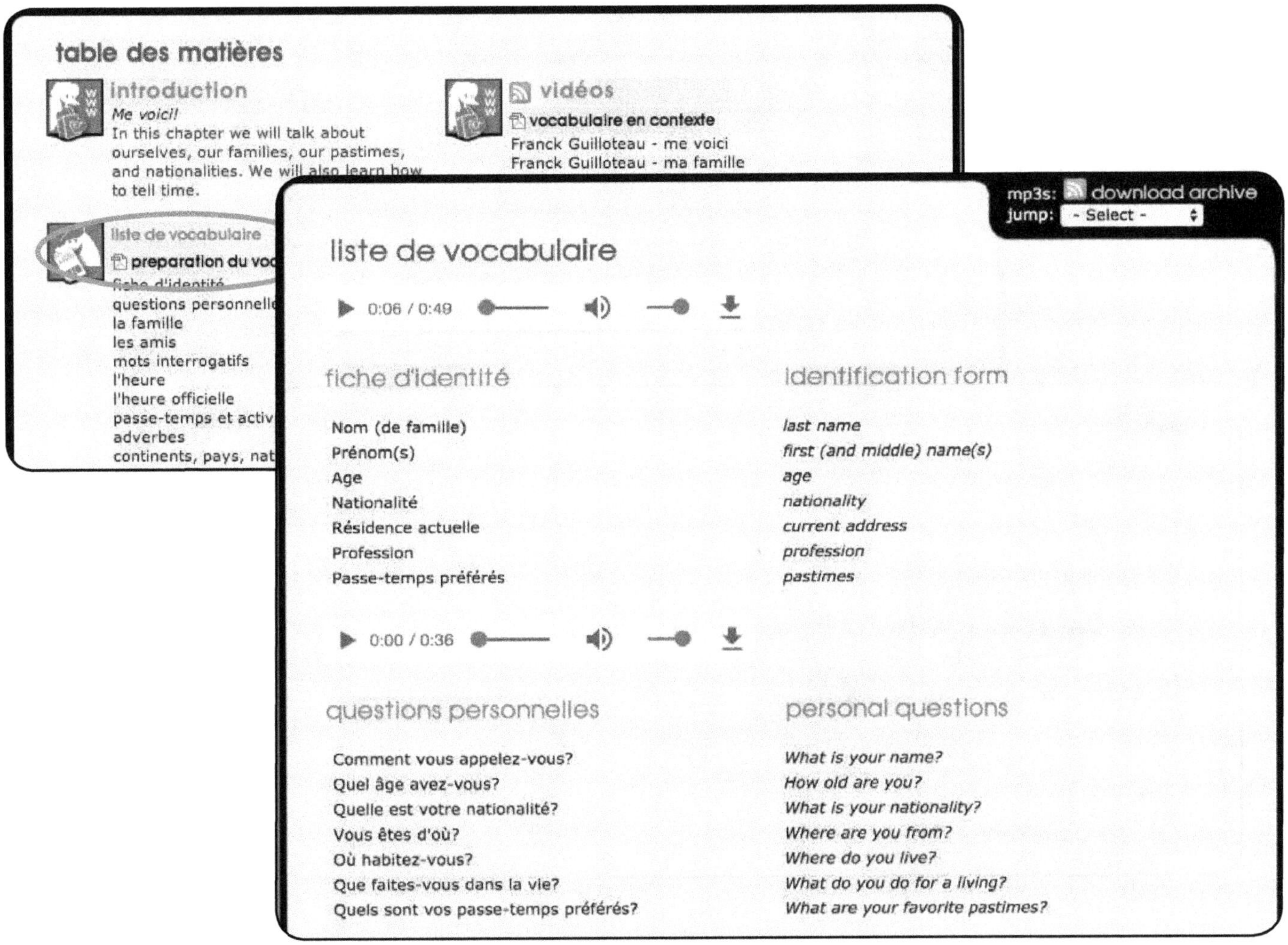

liste de vocabulaire

table des matières

introduction
Me voici!
In this chapter we will talk about ourselves, our families, our pastimes, and nationalities. We will also learn how to tell time.

vidéos
vocabulaire en contexte
Franck Guilloteau - me voici
Franck Guilloteau - ma famille

liste de vocabulaire
- preparation du voc
- fiche d'identité
- questions personnelles
- la famille
- les amis
- mots interrogatifs
- l'heure
- l'heure officielle
- passe-temps et activ
- adverbes
- continents, pays, nat

liste de vocabulaire

▶ 0:06 / 0:49

fiche d'identité / identification form

Nom (de famille)	last name
Prénom(s)	first (and middle) name(s)
Age	age
Nationalité	nationality
Résidence actuelle	current address
Profession	profession
Passe-temps préférés	pastimes

▶ 0:00 / 0:36

questions personnelles / personal questions

Comment vous appelez-vous?	What is your name?
Quel âge avez-vous?	How old are you?
Quelle est votre nationalité?	What is your nationality?
Vous êtes d'où?	Where are you from?
Où habitez-vous?	Where do you live?
Que faites-vous dans la vie?	What do you do for a living?
Quels sont vos passe-temps préférés?	What are your favorite pastimes?

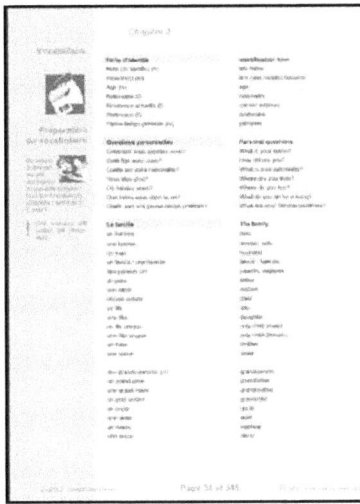

Préparation du vocabulaire

Be sure to download the pdf vocabulary preparation template from the FI website to complete Exercises B, E, and F.

! Your instructor will collect this homework

 grammaire

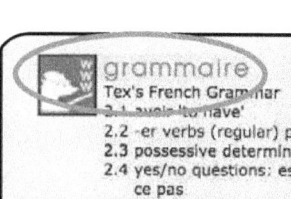
grammaire
Tex's French Grammar
2.1 avoir 'to have'
2.2 -er verbs (regular) p
2.3 possessive determin
2.4 yes/no questions: es
   ce pas
2.5 basic negation: ne ..
2.6 introduction to adver
2.7 interrogative and ex
2.8 introduction to adjec
2.9 adjectives: formatio
testez-vous!, Chapitre 02
verb conjugation referen
verb practice

tex's french grammar
avoir 'to have'
download MP3s ...

The verb **avoir** is irregular in the present tense. Listen carefully to the pronunciation of the **-s** in the plural pronouns **nous**, **vous**, and **ils/elles**. This **-s** is pronounced as a /z/ to link with the vowel sound in the plural forms of **avoir**. This **liaison**, or linking, is especially important in distinguishing **ils ont** (they have) from the third person plural of être **ils sont** (they are).

avoir 'to have'	
j'ai	nous avons
tu as	vous avez
il/elle/on a	ils/elles ont
past participle: eu	

Avoir is also used as an auxiliary in compound tenses (passé composé with avoir, plus-que-parfait, futur antérieur, etc.) Besides ownership, the verb **avoir** expresses age in French, unlike the English equivalent, which uses the verb 'to be.'

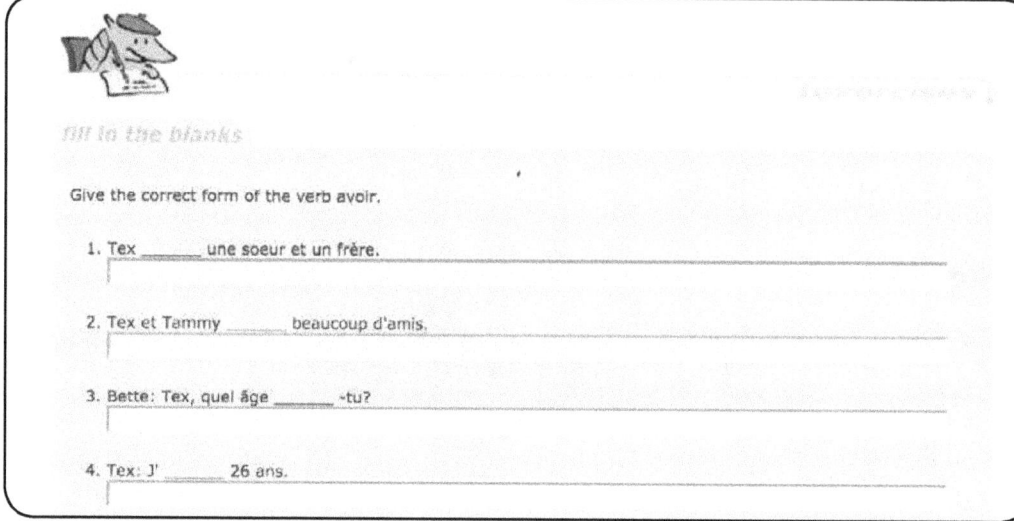

fill in the blanks

Give the correct form of the verb avoir.

1. Tex _____ une soeur et un frère.

2. Tex et Tammy _____ beaucoup d'amis.

3. Bette: Tex, quel âge _____ -tu?

4. Tex: J' _____ 26 ans.

IL A UNE SOEUR
ET UN FRÈRE

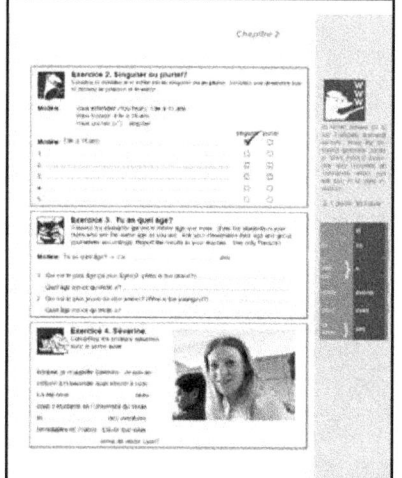

2.1 avoir 'to have'

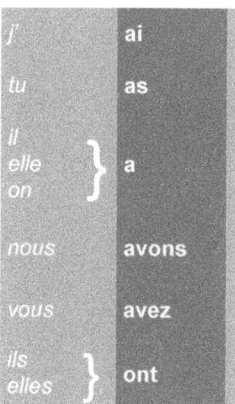

j'	ai
tu	as
il / elle / on	a
nous	avons
vous	avez
ils / elles	ont

Entering accented characters

Windows PC
Method 1: Alt + key sequence
Make sure the *Num Lock* key is down. Hold down the *Alt* key while entering a number sequence on the keypad. Release the *Alt* key: you should see the accented character.

Number sequences for specific characters are listed in the character table below.

Method 2: Windows *Character Map* tool
Use the Windows *Character Map* tool – a small pop-up accessory that allows you to copy and paste special characters into any application (such as a web browser). On your Windows PC, access

Start Menu > Programs > Accesories > System Tools > Character Map

Click on and copy the character you need from the *Character Map* tool. Then, click back in the browser form field and paste the character (ctrl-v or 'Paste' via browser menu selection).

Apple Macintosh
Method: option + key [+ key]
Hold down the *option* key while entering the first letter of a sequence (e.g., **option `** or **option e**).

Release the option key and enter the second character of the sequence (e.g., **a, e, i, n, o,** or **u**): you should see the accented character.

Exceptions: A few special characters (ç, ß, ¡) are produced by simply entering *option + key*. The ¿ character is produced by simultaneously entering 'opt shift ?'

Character Table

character	Macintosh	PC	character	Macintosh	PC
à	opt ` + a	alt + 0224	ñ	opt n + n	alt + 0241
á	opt e + a	alt + 0225	ò	opt ` + o	alt + 0242
â	opt i + a	alt + 0226	ó	opt e + o	alt + 0243
ä	opt u + a	alt + 0228	ô	opt i + o	alt + 0244
ç	opt c	alt + 0231	ö	opt u + o	alt + 0245
è	opt ` + e	alt + 0232	ß	opt + s	alt + 0223
é	opt e + e	alt + 0233	ù	opt ` + u	alt + 0249
ê	opt i + e	alt + 0234	ú	opt e + u	alt + 0250
ë	opt u + e	alt + 0235	û	opt i + u	alt + 0251
ì	opt ` + i	alt + 0236	ü	opt u + u	alt + 0252
í	opt e + i	alt + 0237	¡	opt 1	alt + 0161
î	opt i + i	alt + 0238	¿	opt shift ?	alt + 0191

Vocabulaire
- je me présente
- les matières
- l'alphabet
- la grammaire de Tex: les animaux

Phonétique
- l'alphabet

Grammaire
- Tex's French Grammar overview
- Tex's characters

Vidéos
Vocabulaire en contexte

- les étudiants de l'Université du Texas

Culture

- impressions de la France

Bienvenue!

We will explore the French language and culture by following the lives of real students from the University of Texas who have participated in the UT Summer Program in Lyon, France. In addition to following the exploits of these UT students, we will also watch interviews of native French speakers, as well as scenes of day-to-day interactions in France.

Chapitre préliminaire

 Watch the introductory video to **Français Interactif**. Where are the UT students? As you can see from this video, **Français Interactif** will help you explore the French language and culture by following the lives of real UT students who participated in the UT Summer Program in Lyon, France. The UT students will introduce you to their French host families, their French university, and their lives in France. Keep in mind as you watch these students that they were in your position only a year ago--enrolled in beginning French! This program shows you that it IS possible to learn French well enough to communicate with native speakers.

In addition to following the exploits of these UT students, you will also watch videos of native French speakers as well as scenes of day-to-day interactions (e.g., vendors in the market, waiters at a café, children getting ready to go to school, etc.). A bilingual family in Austin will bridge the gap between UT and France and French-speaking critters will help you learn with **Tex's French Grammar**. Bienvenue! We hope you will enjoy studying French with **Français Interactif**.

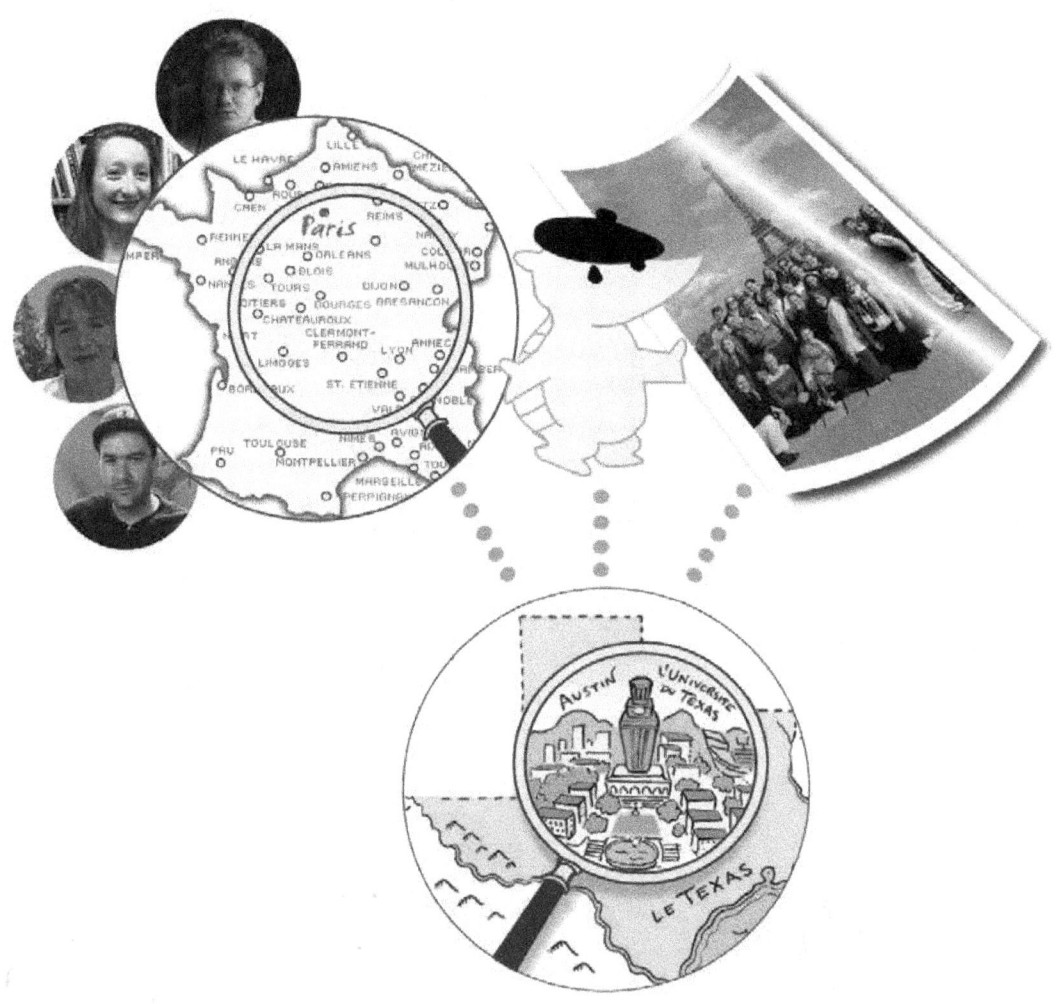

Chapitre préliminaire

Vocabulaire

Préparation du vocabulaire

Be sure to download the pdf vocabulary preparation template from the FI website to complete Exercises B, E, and F.

! Your instructor will collect this homework.

Je me présente. — Let me introduce myself.
Je m'appelle… — My name is …
Je suis de … — I am from …
Je suis étudiant en… (français, maths, etc.) — I am a student (male) in…(French, math, etc.)
Je suis étudiante en…(français, maths, etc.) — I am a student (female) in…(French, math, etc.)

Il/Elle s'appelle… — His/Her name is...
Il/Elle est de... — He/She is from...
Il est étudiant en… (français, maths, etc.) — He is a student (m) in…(French, math, etc.)
Elle est étudiante en…(français, maths, etc.) — She is a student (f) in…(French, math, etc.)

Les matières — Subjects
le commerce — business
la comptabilité — accounting

les langues (f) — languages
   l'anglais (m) — English
   le français — French
   l'espagnol (m) — Spanish
la littérature — literature

l'histoire (f) — history
la géographie — geography
les sciences politiques (f) — political science

les mathématiques/les maths (f) — math

les sciences (f) — sciences
   la biologie — biology
   la chimie — chemistry
l'informatique (f) — computer science

la musique — music
la philosophie — philosophy
la psychologie — psychology

Grammaire de Tex: Les animaux — Tex's French Grammar: Animals

le cafard — cockroach
le chat / la chatte / la minette — cat / female cat / kitty
l'écureuil (m) — squirrel
l'escargot (m) — snail
la fourmi — ant
le tatou — armadillo

Phonétique

Go to the website for a complete explanation and practice exercises.

Chapitre préliminaire

Exercice 1. Je me présente
A. Complete the following sentences.

Je me présente. Je m'appelle_____.
Je suis de _____. (ville)
Je suis étudiant(e) en _____. (matière)

B. Introduce yourself to two of your classmates using the sentences above and listen as two of your classmates introduce themselves to you. Complete the following sentences according to the information they tell you.

Il/Elle s'appelle_____.
Il/Elle est de_____.
Il/Elle est étudiant(e) en_____.

Il/Elle s'appelle_____.
Il/Elle est de_____.
Il/Elle est étudiant(e) en_____.

C. Introduce one of your classmates to the class.

Modèle: Je vous présente Robert. Il est de Fort Worth. Il est étudiant en maths.

Vocabulaire

- salutations
- présentations
- la salle de classe
- en classe
- les nombres cardinaux 1-69
- la date

Phonétique

- les accents

Grammaire

- 1.1 subject pronouns
- 1.2 être 'to be'
- 1.3 introduction to nouns
- 1.4 determiners: definite articles
- 1.5 determiners: indefinite articles
- 1.6 gender: masculine, feminine
- 1.7 voilà vs. il y a

- testez-vous!, chapitre 01
- verb conjugation reference
- verb practice

Vidéos
Vocabulaire en contexte

- bienvenue à Lyon
- la salle de classe
- 1 à 10
- les jours de la semaine
- le calendrier
- les anniversaires

Interviews

- je me présente
- qui est-ce?

1 *Bonjour!*

In this chapter we will learn to introduce ourselves. We will also learn useful vocabulary and phrases pertaining to the classroom.

Vocabulaire

Préparation du vocabulaire

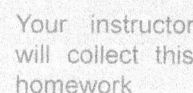

Be sure to download the pdf vocabulary preparation template from the FI website to complete Exercises B, E, and F.

! Your instructor will collect this homework

Chapitre 1

Salutations	**Greetings**
Monsieur	Sir
Madame	Ma'am (Mrs.)
Mademoiselle	Miss
Bonjour, Monsieur	Good day (Hello), Sir
Bonsoir	Good evening
Au revoir	Goodbye
Salut!	Hi!
À tout à l'heure!	See you in a little while. (same day)
À ce soir.	See you this evening.
À demain.	See you tomorrow.
À bientôt.	See you soon. (probably not on the same day)
Comment vous appelez vous?	What's your name? (formal)
Comment tu t'appelles?	What's your name? (informal)
(Comment t'appelles-tu?)	
Je m'appelle...	My name is...
Comment allez vous?	How are you? (formal)
Comment vas-tu?	How are you? (informal)
Je vais très bien, merci.	I am very well, thank you.
Je vais bien, merci.	I am fine, thank you.
Pas mal, merci.	Not bad, thank you.
Bien, merci!	Great, thanks!
Comment ça va?	How are things going?
Ça va (bien)?	Are things going (well)?
Ça va bien.	Things are going well.
Et vous? Vous êtes d'où?	And you? Where are you from? (formal)
Et toi? Tu es d'où?	And you? Where are you from? (informal)

Présentations	**Introductions**
Monsieur, je vous présente...	Sir, I would like to introduce to you... (formal)
Je te présente...	I would like to introduce to you.... (informal)
Voici...	This is...
Qui est-ce?	Who is it?
C'est...	It's...
Ce sont...	They are...
Comment s'appelle-t-il/elle?	What's his/her name?
Il/Elle s'appelle...	His/Her name is...
Il/Elle est de...	He/She is from...
Comment s'appellent-ils/elles?	What are their names?
Ils/Elles s'appellent...	Their names are...

Vocabulaire

Qu'est-ce qu'il/elle fait?	What does he/she do?
Qu'est-ce qu'ils/elles font?	What do they do?
Il est... Elle est...	He/She is a/an...
acteur / actrice	actor / actress
architecte	architect
chanteur / chanteuse	singer
coiffeur / coiffeuse	hair dresser
dentiste	dentist
ingénieur	engineer
journaliste	journalist
médecin	doctor
professeur	teacher, professor
retraité / retraitée	retired man/woman
stagiaire	intern

La salle de classe — **The classroom**

Qu'est-ce que c'est?	What is it?
C'est...	It's...
C'est une salle de classe.	It's a classroom.
Dans la salle de classe, il y a...	In the classroom, there is...
une porte	door
une fenêtre	window
un tableau (noir)	blackboard
une télévision	television
une carte (du monde)	map (of the world)
une affiche	poster
une chaise	chair
un bureau	desk
Sur le bureau, il y a...	On the desk there is...
une craie	chalk
un crayon	pencil
un stylo	pen
un cahier	notebook
un livre	book
un dictionnaire	dictionary
un sac à dos	backpack
Au labo, il y a...	In the lab, there are...
des ordinateurs (m)	computers
Les étudiants travaillent!	The students work
des devoirs (m)	homework
un exercice	exercise
un examen	test

Les nombres cardinaux 1-69

1	un, une
2	deux
3	trois
4	quatre
5	cinq
6	six
7	sept
8	huit
9	neuf
10	dix
11	onze
12	douze
13	treize
14	quatorze
15	quinze
16	seize
17	dix-sept
18	dix-huit
19	dix-neuf
20	vingt
21	vingt et un
22	vingt-deux
23	vingt-trois
24	vingt-quatre
25	vingt-cinq
26	vingt-six
27	vingt-sept
28	vingt-huit
29	vingt-neuf
30	trente
31	trente et un
32	trente-deux
39	trente-neuf
40	quarante
41	quarante et un
42	quarante-deux
49	quarante-neuf
50	cinquante
51	cinquante et un
52	cinquante-deux
59	cinquante-neuf
60	soixante
61	soixante et un
62	soixante-deux
69	soixante-neuf

Vocabulaire

Chapitre 1

En classe	**In class**
Écoutez	Listen.
Écrivez	Write.
Levez le doigt.	Raise your finger (hand).
Répétez	Repeat.
Ouvrez vos livres.	Open your books.
Ouvrez le livre à la page...	Turn to page...
s'il vous plaît	please
Vous comprenez?	Do you understand?
Oui, je comprends.	Yes, I understand.
Non, je ne comprends pas.	No, I don't understand.
Que veut dire...?	What does... mean?
Comment dit-on ?..	How do you say...?
Voici...	Here is … (here are...)
Voilà...	There is… (there are...)
Il y a...	There is, there are...
Il y a combien de...?	There are how many...?

La date / The date

le calendrier	calendar
le jour	day
Quels sont les jours de la semaine?	What are the days of the week?
lundi	Monday
mardi	Tuesday
mercredi	Wednesday
jeudi	Thursday
vendredi	Friday
samedi	Saturday
dimanche	Sunday
C'est quel jour?	What day is it?
C'est lundi.	It's Monday.
aujourd'hui	today
demain	tomorrow
la semaine	week
la semaine prochaine	next week
la semaine dernière	last week
Quelle est la date?	What's the date?
C'est le premier septembre.	It's September 1st.
C'est le deux octobre.	It's October 2nd.
C'est le 30 août.	It's August 30th.

! Note that days of the week are not capitalized in French!

Chapitre 1

Vocabulaire

le mois	month
Quels sont les mois de l'année?	What are the months of the year?
janvier (not capitalized in French)	January
février	February
mars	March
avril	April
mai	May
juin	June
juillet	July
août	August
septembre	September
octobre	October
novembre	November
décembre	December

! Note that months of the year are not capitalized in French!

Phonétique

Go to the website for a complete explanation and practice exercises.

Chapitre 1

NOTE CULTURELLE

'Tu' ou 'Vous'?
Forms of address

When introducing oneself for the first time, does one use the informal French pronoun 'tu' or the formal 'vous'? In general, 'tu' is used with friends, family, and children. 'Vous' is used to express politeness, formality, and social distance. 'Vous' is the form of address used for all formal situations.

Introduction
Regardons la video ensemble pour répondre aux questions suivantes: Qui présente le chapitre? Où est-il/elle? Quels sont les thèmes du chapitre?

Exercice 1. Salutations polies
Using the dialogue suggestions below, greet three students formally. Tell them your name, ask about theirs and ask them how they are doing. Say good-bye.

Bonjour, (Monsieur, Madame, Mademoiselle)
Je m'appelle _____
Et vous, comment vous appelez-vous?

Moi, je m'appelle _____

Comment allez vous?

Je vais très bien (bien / pas mal / mal), merci.
Et vous?

_____ , merci.

Au revoir, (Monsieur/ Madame/ Mademoiselle)

Exercice 2. Salutations familières
Using the informal dialogue suggestions below, greet two students that you haven't talked to yet. Tell them your name, ask about theirs and ask them how they are doing. Tell them you will see them soon.

Salut, je m'appelle _____

Et toi, comment t'appelles-tu?

Moi, je m'appelle _____

Comment vas-tu? (Comment ça va?)

Je vais (très bien / pas mal / mal). Et toi?

Je vais (très bien / pas mal / mal), merci.

_____

Exercice 3. Répondez
Would you be prepared to greet your host family in Lyon? Give logical responses to the following greetings or farewells. Be prepared to go over these in class.

1. Bonjour, Mademoiselle. _____
2. Au revoir, Monsieur. _____
3. Comment allez-vous? _____
4. Salut. _____
5. Ça va? _____
6. A demain! _____

Chapitre 1

Exercice 4. Salut!

In this photo Toño is meeting his host family in Lyon for the first time. As homework, write a brief dialogue of 6 sentences to imagine the conversation. In class, your instructor will ask you to act out your dialogue with a partner.

(Use a blank sheet of paper)

Exercice 5. Ça s'écrit comment?

Introduce yourself to a classmate who will ask you to spell your last name. Write down each other's last names.

Modèle:
Salut, je m'appelle Laila Kiblawi.
Kiblawi, **ça s'écrit comment?**
K-I-B-L-A-W-I Et toi, comment tu t'appelles?
Je m'appelle Blake Dublin.
Dublin, **ça s'écrit comment?**
D-U-B-L-I-N

Check to see that your partner spelled your last name correctly and be prepared to spell your partner's name to the class.

Exercice 6. Grammaire interactive.

A. Do you remember how to spell the following subjects? Take turns asking your partner to spell the subjects below.

English: l'_____
Business: le _____
History: l'_____
Languages: les _____
Computer science: l'_____
Accounting: la _____

B. **le**, **la**, **les** and **l'** are called definite articles.
What is the English equivalent? Do you use it before nouns referring to school subjects in English?

Give the gender of each noun in Exercice A.
Modèle: les maths = feminine
(If you don't remember a gender, refer back to the vocabulary list in Chapitre Préliminaire.)

Fill in the blanks:
Before a **plural** noun, the form of the definite article is: _____
Before a **singular** noun starting **with a vowel or a mute "h"**, the form of the definite article is: _____ (regardless of whether the noun is masculine or feminine)
Before a **singular masculine** noun starting with a **consonant**, the form of the definite article is: _____
Before a **singular feminine** noun starting with a **consonant**, the form of the definite article is: _____

NOTE CULTURELLE

Faire connaissance
Getting to know someone

In France, friends and family members exchange kisses on alternating cheeks to say hello and goodbye. This action is expressed by the French phrase 'faire la bise'. While the number of kisses exchanged varies by region, the most common practice is two kisses, one on each cheek, although it is not uncommon to exchange three or even four.

In an informal situation, young adults will most often 'faire la bise'. Older adults or men would normally shake hands. In a formal situtation, it is necessary to shake hands with everyone. A 'bise' is always given to children.

Contrary to the hug in the United States, kisses are exchanged with friends and family members that one sees everyday. In France, hugging is reserved for more intimate (romantic) relationships.

Chapitre 1

At home, please go to the Français interactif website. Read the following grammar points in Tex's French Grammar and complete all Texercises which you will turn in to your instructor.

1.1 subject pronouns

je	*nous*
tu	*vous*
il *elle* *on*	*ils* *elles*

1.2 être 'to be'

je	suis
tu	es
il *elle* *on*	est
nous	sommes
vous	êtes
ils *elles*	sont

Exercice 7. Singulier ou pluriel?
Listen and decide if the following sentences are singular or plural. Listen again and write the sentence.

	singulier	pluriel
Modèle: Ils sont étudiants. You check	☐	√
1. _____	☐	☐
2. _____	☐	☐
3. _____	☐	☐
4. _____	☐	☐
5. _____	☐	☐
6. _____	☐	☐

Exercice 8. Vrai ou faux?
Are the following sentences true or false? In groups of three, one student will read the following statements, and the other two will react. Afterwards, your group will report your answers to the class.

	Vrai	Faux
1. Toi, tu es de Beaumont et toi, tu es de San Antonio.	☐	☐
2. Le professeur de franę is est de Paris.	☐	☐
3. Vous êtes à l'université du Texas.	☐	☐
4. Virginie est architecte.	☐	☐
5. Nous sommes étudiants.	☐	☐
6. ₫ an-Charles est ingénieur.	☐	☐
7. Stéphanie et Laila sont professeurs.	☐	☐
8. Toi, tu es chanteur (chanteuse) et toi, tu es acteur (actrice).	☐	☐

Exercice 9. Tu es d'où?

Find students in your class who are from the same city as you. Ask your classmates where they are from and group yourselves according to city. Use only French!

Modèle: Tu es d'où? -> Je suis de Dallas. Et toi? -> Moi aussi! Je suis de Dallas.

Il y a combien d'étudiants de chaque ville (each city)? Il y a combien d'étudiants du Texas? Ecrivez les résultats au tableau.

Chapitre 1

Exercice 10. Bonjour!
This photo was taken at a reception for UT students at the University of Lyon. Who are the people in the photograph? To find out, complete the following paragraph with the appropriate form of the verb être. You will go over this in class.

Bonjour! Je m'appelle Marylène et voici Carl et Marie-Christine. Nous _____ professeurs. Je _____ de Lyon et Marie-Christine _____ de la Réunion. Et vous? Vous _____ d'où?

Exercice 11. Présentations
Answer the following questions according to the photos below. If you aren't sure, ask a classmate (en français, bien sûr!). Write out the answer in a complete sentence.

Qui est-ce?	Il/elle est d'où? Ils/elles sont d'où?	Qu'est-ce qu'il/elle fait? Qu'est-ce qu'ils font?

Devoirs: Bring a photo of a famous person to class and be prepared to answer questions from your classmates about them (who they are, where they are from, what they do for a living).

! ... there is NO article in French in the sentences above with professions.

Chapitre 1

At home, please go to the Français interactif website. Read the following grammar points in Tex's French Grammar and complete all Texercises which you will turn in to your instructor.

1.3 gender: masculine, feminine

| Joe Bob... | est étudiant. |
| Tammy... | est étudiante |

1.4 introduction to nouns

1.5 determiners: definite articles: forms

masc. sing.	le (l')
fem. sing.	la (l')
pl.	les

1.6 determiners: indefinite articles: forms

masc. sing.	un
fem. sing.	une
pl.	des

 **Exercice 12. Masculin ou féminin ?**
Listen and decide if the following words are masculine or feminine.

	masculin	féminin
Modèle: You hear: *le livre.*	√	☐
1.	☐	☐
2.	☐	☐
3.	☐	☐
4.	☐	☐
5.	☐	☐
6.	☐	☐
7.	☐	☐
8.	☐	☐

 **Exercice 13. Singulier ou pluriel?**
Listen and decide if the following words are singular or plural.

	singulier	pluriel
Modèle: You hear: *la porte.*	√	☐
1.	☐	☐
2.	☐	☐
3.	☐	☐
4.	☐	☐
5.	☐	☐
6.	☐	☐
7.	☐	☐
8.	☐	☐

 **Exercice 14. La salle de classe de Mme Meunier.**
Complete the following paragraph with the appropriate definite article: le, la, or les. Be prepared to go over these in class.

Voici ___ tableau dans ___ salle de classe de Mme Meunier , ___ professeur. Voilà ___ bureau et ___ chaise de Mme Meunier. Et voici ___ livres et ___ stylos de ses (her) étudiants.

Exercice 15. Grammaire interactive.
Look at the underlined element:

<u>un</u> bureau   <u>une</u> carte   <u>une</u> chaise
<u>une</u> affiche   <u>un</u> ordinateur   <u>un</u> tableau

How would you translate the underlined elements in English?
What do you think the difference between **"un"** and **"une"** is related to?

Fill in the blanks:
un is used when the noun is _____
une is used when the noun is _____

Look at the following pairs. What is the difference between the words in each pair?
un ordinateur / **des** ordinateurs   **une** affiche / **des** affiches
un cahier / **des** cahiers   **une** chaise / **des** chaises

Fill in the blanks:
des is used when the noun (masculine or feminine) is: _____

Now, compare the two sentences:
Il y a des ordinateurs dans le bureau. / **There are computers** in the office.
What do you notice about the bolded sections in these two sentences?

Exercice 16. Masculin ou féminin ?
Listen and decide if the following words are masculine or feminine.

Exercice 17. Singulier ou pluriel?
Listen and decide if the following words are singular or plural.

	masculin	féminin
Modèle: You hear: *une porte*.	☐	√
1.	☐	☐
2.	☐	☐
3.	☐	☐
4.	☐	☐
5.	☐	☐
6.	☐	☐
7.	☐	☐
8.	☐	☐

	singulier	pluriel
Modèle: You hear: *des cahiers*.	☐	√
1.	☐	☐
2.	☐	☐
3.	☐	☐
4.	☐	☐
5.	☐	☐
6.	☐	☐
7.	☐	☐
8.	☐	☐

Exercice 18. Qu'est-ce que c'est?
Complete the following paragraph with the appropriate indefinite article: un, une, or des. Be prepared to go over these in class.

Ça, c'est _____ cahier et ą,
c'est _____ stylo. Voici _____
livres et _____ crayons. Dans
la salle de classe il y a _____
tableau noir, _____ chaises et
_____ télévision.

Exercice 19. Grammaire interactive.
In Exercice 18, look at "voici" and "il y a".
How would you translate these two phrases into English?

Chapitre 1

Exercice 20. Ouvrez vos livres, s'il vous plaît!
Listen as your teacher reads a dialogue between Mme Meunier at Lyon 3 and students in the Lyon program. Working in groups of two or three, reconstruct the text with as many details as possible.

Chut! _____ vos livres
_____ .
Quelle page, Madame?
Ah... _____ bien, Léonard!
Et _____ .
A la page 12, le premier dialogue. _____ le dialogue?
_____ "stagiaire"?
"Stagiaire" _____ "intern."

Exercice 21. En classe.
How would you say the following in French? Translate the following sentences.

1. What's your name? (asking a classmate) _____
2. How do you say 'armadillo'? _____
3. I don't understand. _____
4. Please repeat. _____
5. Here is a book _____
6. There are how many computers? _____
7. What does 'chef d'entreprise' mean? _____
8. See you in a little while! (later today) _____

Exercice 22. Une salle de classe à Lyon!

A. Name at least six objects / people in the classroom at Lyon 3 below. Remember to add the appropriate indefinite article: un, une, or des.

Il y a ......

1. _____ 4. _____
2. _____ 5. _____
3. _____ 6. _____

B. Compare the classroom above to your classroom. How many of the same objects/people are in your French classroom? Make a list of items in your classroom with a partner. Compare your lists with those of your classmates.

Chapitre 1

 **Exercice 23. Ecrivez en toutes lettres!**
Write out the following numbers. Be prepared for a possible quiz

47 _____
16 _____
25 _____
61 _____
52 _____
39 _____
12 _____
8 _____

 **Exercice 24. Calculez!**
Write out the following arithmetic problems. Be prepared for a possible quiz.
+ plus / - moins / = égal

10 + 9 = _____
18 + 7 = _____
29 + 4 = _____
45 + 19 = _____
16 - 5 = _____
57 - 6 = _____
36 + 13 = _____
34 - 7 = _____

 **Exercice 25. Les numéros de téléphone.**
Listen as your teacher gives the addresses and telephone numbers for the UT students in Lyon and complete the table below.

	Adresse	Numéro de téléphone
Laila	____ quai Jean-Jacques Rousseau	__ __ __ __ __
Blake	____ rue M. Dutarte	__ __ __ __ __
Karen	____ rue Chambonnet	__ __ __ __ __

 **Exercice 26. Comment dit-on?**
How would you say the following in French? Translate the following sentences. Be prepared to go over these in class.

1. Here's the classroom. _____
2. There are twenty-one students. _____
3. What is it? It's a poster. _____
4. Who is that? It's Mrs. Meunier. She's a professor. _____
_____

Exercice 27. Quelle est la date?
Write out the dates of the following French holidays:

1. la Saint-Sylvestre (December 31): _____
2. la Saint-Valentin (February 14): _____
3. l'Assomption (August 15): _____
4. la Toussaint (November 1): _____

Exercice 28. Répondez
Answer the following questions with a partner.

1. On est quel jour aujourd'hui? _____
2. Quelle est la date aujourd'hui? _____
3. Quelle est la date de l'examen? _____

Exercice 29. C'est quand ton anniversaire?
Find the students in your class who have birthdays in the same month as you. Ask your classmates their birthdays and group yourselves according to the month of your birth. How many students have birthdays in the same month? Does anyone have the same birthday? Report the results to your teacher. Use only French!

Modèle:
C'est quand, ton anniversaire?
C'est le 2 mai.

At home, please go to the Français interactif website. Read the following grammar points in Tex's French Grammar and complete all Texercises which you will turn in to your instructor.

1.7 Voila vs. il y a

Here is / Here are	Voilà/Voici...
There is / There are	Il y a..

Exercice 30. Paris - Gare de Lyon.

Look at the group train ticket that the Lyon Program used to travel from Paris to Lyon and answer the following questions.

1. Comment s'appelle la gare (train station) à Paris? _____
2. Comment s'appelle la gare à Lyon? _____
3. Il y a combien de voyageurs? _____
4. Quelle est la date du départ? _____
5. Quel est le numéro du train? _____
   TGV = Train à Grande Vitesse (Bullet train)

2 Me voici!

Me voici! In this chapter we will talk about ourselves, our families, our pastimes, and nationalities. We will also learn how to tell time.

Vocabulaire
- fiche d'identité
- questions personnelles
- la famille
- les amis
- mots interrogatifs
- l'heure
- l'heure officielle
- passe-temps et activités
- adverbes
- continents, pays, nationalités

Phonétique
- les symboles phonétiques
- l'élision
- la liaison

Grammaire
- 2.1 avoir 'to have'
- 2.2 -er verbs
- 2.3 possessive determiners
- 2.4 yes/no questions: est-ce que, n'est-ce pas
- 2.5 basic negation: ne... pas
- 2.6 introduction to adverbs
- 2.7 interrogative and exclamative quel
- 2.8 introduction to adjectives
- 2.9 adjectives: formation and placement

- testez-vous!, chapitre 02
- verb conjugation reference
- verb practice

Vidéos
Vocabulaire en contexte

- Franck Guilloteau - me voici
- Franck Guilloteau - ma famille
- l'heure
- les passe-temps Audrey et Camille
- l'heure
- les continents
- les pays

Interviews

- questions personnelles
- ma famille

Vocabulaire

Préparation du vocabulaire

Be sure to download the pdf vocabulary preparation template from the FI website to complete Exercises B, E, and F.

! Your instructor will collect this homework

Chapitre 2

Fiche d'identité / Identification form

Nom (de famille) (m)	last name
Prénom(s) (m)	first (and middle) name(s)
Age (m)	age
Nationalité (f)	nationality
Résidence actuelle (f)	current address
Profession (f)	profession
Passe-temps préférés (m)	pastimes

Questions personnelles / Personal questions

Comment vous appelez vous?	What is your name?
Quel âge avez vous?	How old are you?
Quelle est votre nationalité?	What is your nationality?
Vous êtes d'où?	Where are you from?
Où habitez vous?	Where do you live?
Que faites-vous dans la vie?	What do you do for a living?
Quels sont vos passe-temps préférés?	What are your favorite pastimes?

La famille / The family

un homme	man
une femme	woman, wife
un mari	husband
un fiancé / une fiancée	fiancé / fiancée
des parents (m)	parents, relatives
un père	father
une mère	mother
un/une enfant	child
un fils	son
une fille	daughter
un fils unique	only child (male)
une fille unique	only child (female)
un frère	brother
une soeur	sister
des grands-parents (m)	grandparents
un grand-père	grandfather
une grand-mère	grandmother
un petit-enfant	grandchild
un oncle	uncle
une tante	aunt
un neveu	nephew
une nièce	niece

Vocabulaire

Les amis / Friends
un ami / une amie	friend
un/une camarade	friend
un copain / une copine	friend; boyfriend / girlfriend

Mots interrogatifs / Interrogative words
où?	where?
quand?	when?
qui?	who?
comment?	how?
quel / quelle / quels / quelles	which?
pourquoi?	why?
parce que (+ clause)	because
à cause de (+ noun)	because of

L'heure / Time

l'heure (f) — the time

Quelle heure est-il? — What time is it?
- Il est huit heures. — It's 8 o'clock
- Il est huit heures dix. — It's ten after 8.
- Il est huit heures et quart. — It's quarter after 8.
- Il est huit heures vingt-cinq. — It's twenty-five after 8.
- Il est huit heures et demie. — It's eight-thirty.
- Il est neuf heures moins vingt. — It's twenty to nine.
- Il est neuf heures moins le quart. — It's quarter to nine.
- Il est midi. — It's noon.
- Il est midi et demi. — It's twelve-thirty.
- Il est minuit. — It's midnight.

Il est trois heures... It's three o'clock ..
- du matin — in the morning (3 a.m.)
- de l'après-midi — in the afternoon (3 p.m.)

Il est sept heures.... It's seven o'clock .
- du soir — in the evening (7 p.m.)

L'heure officielle / Official time
Il est 10h.	It's 10 a.m.
Il est 12h05.	It's 12:05 p.m.
Il est 13h15.	It's 1:15 p.m.
Il est 15h35.	It's 3:35 p.m.
Il est 18h45.	It's 6:45 p.m.
Il est 22h59.	It's 10:59 p.m.

L'heure

Vocabulaire

irregular verbs: Refer to Tex's French Grammar: 'lire, dire, écrire' for conjugation.

Chapitre 2

Passe-temps et activités	Pastimes and activities
avoir	to have
avoir besoin de...	to need
avoir envie de...	to feel like (to want to)
avoir l'intention de...	to intend (to)
chercher	to look for
trouver	to find
(Qui cherche, trouve!)	(Who looks for (searches), finds!)
tomber amoureux (de) /amoureuse (de)	to fall in love
embrasser	to kiss
écouter...	to listen to...
de la musique	music
la radio	the radio
chanter	to sing
danser	to dance
aimer	to like, to love
la musique classique / le jazz /	classical music / jazz /
le hip-hop / la techno /	hip-hop / techno /
le sport / le tennis / le football /	sports / tennis / soccer /
le basket / le golf / le footing	basketball / golf / running
préférer	to prefer
adorer	to adore
détester	to detest
habiter	to live
rester à la maison	to stay at home
étudier	to study
lire	to read
oublier	to forget
regarder la télévision	to watch television
téléphoner à	to telephone
parler	to speak
jouer...	to play...
à (+ a sport):	a sport:
au foot / au tennis / aux cartes (f)	soccer / tennis / cards
de (+ an instrument):	an instrument
de la guitare / du piano	guitar / piano
nager	to swim
rencontrer	to meet
rêver	to dream
travailler	to work
voyager	to travel

Chapitre 2

Vocabulaire

Adverbes	**Adverbs**
aussi	also
maintenant	now
plus tard	later
beaucoup	a lot
peu / un peu	little / a little
rarement	rarely
parfois	at times
quelquefois	sometimes
souvent	often
toujours	always
ne...jamais	never

! Refer to Tex's French Grammar: 'Negation – Alternate forms of negation' for correct formation and use of ne...jamais.

Continents
Pays / Nationalités — **Countries / Nationalities**

un continent	continent
un pays	country

l'Afrique (f) / africain(e) — Africa / African
    l'Algérie (f) / algérien(ne) — Algeria / Algerian
    le Maroc / marocain(e) — Morocco / Moroccan
    le Sénégal / sénégalais(e) — Senegal / Senegalese
    la Tunisie / tunisien(ne) — Tunisia / Tunisian

l'Amérique du Nord (f) — North America
    le Canada / canadien(ne) — Canada / Canadian
    les Etats-Unis (m) / américain(e) — United States / American
    le Mexique / mexicain(e) — Mexico / Mexican

l'Amérique du Sud (f) — South America
    la Guyane française / guyanais(e) — French Guyana / Guyanese

l'Asie (f) / asiatique — Asia / Asian
    la Chine / chinois(e) — China / Chinese
    le Japon / japonais(e) — Japan / Japanese
    le Vietnam / vietnamien(ne) — Vietnam / Vietnamese

l'Océanie (f) — Oceania (the South Sea Islands)
    l'Australie (f) / australien(ne) — Australia / Australian

l'Europe (f) / européen(ne) — Europe / European
    l'Allemagne (f) / allemand(e) — Germany / German
    l'Angleterre (f) / anglais(e) — England / English
    la Belgique / belge — Belgium / Belgian
    l'Espagne (f) / espagnol(e) — Spain / Spanish
    la France / français(e) — France / French
    l'Italie (f) / italien(ne) — Italy / Italian
    la Suisse / suisse — Switzerland / Swiss

Phonétique

Go to the website for a complete explanation and practice exercises.

Chapitre 2

NOTE CULTURELLE

La famille

En français, on utilise les mêmes mots pour parler des "in-laws" et des "step relatives". Par exemple, une belle-mère peut être une "stepmother" ou une "mother-in-law". C'est le contexte qui donne son sens (meaning) au mot. Comprenez-vous le sens de beau-père, belle-sœur ou beau-frère ?!

Introduction
Watch the introductory video to Chapitre 2 to answer the following questions: Qui présente le chapitre? Où est-il / elle? Quels sont les thèmes du chapitre?

Exercice 1. La famille Simpson.
Voilà la famille Simpson. Complétez les phrases suivantes avec les mots qui conviennent.

Trademark & Copyright Notice: ™ and ©FOX and its related entities. http://www.fox.com

1. Marge est _____ de Homer.
2. Homer est _____ de Marge.
3. Marge et Homer sont _____ de Maggie, Lisa et Bart.
4. Maggie, Lisa et Bart sont _____ de Marge et Homer.
5. Lisa et Maggie sont _____ de Bart.
6. Bart est _____ de Maggie et Lisa.
7. Marge est _____ de Maggie, Lisa et Bart.
8. Homer est _____ de Maggie, Lisa et Bart.
9. Patty et Selma sont _____ de Maggie, Lisa et Bart. (aunts)
10. Patty et Selma sont _____ de Marge.
11. Patty est _____ de Homer.
12. Abe est _____ de Maggie, Lisa et Bart.
13. Bart est _____ de Selma et Patty.
14. Lisa est _____ de Selma et Patty.
15. Maggie et Lisa sont _____ d'Abe.
16. Maggie, Lisa et Bart sont _____ d'Abe.

Exercice 2. Singulier ou pluriel?
Ecoutez et décidez si le verbe est au singulier ou au pluriel. Ecoutez une deuxième fois et écrivez le pronom et le verbe.

	singulier	pluriel
Modèle: Elle a quinze ans.	√	☐
1. _____	☐	☐
2. _____	☐	☐
3. _____	☐	☐
4. _____	☐	☐
5. _____	☐	☐
6. _____	☐	☐

At home, please go to the Français interactif website. Read the following grammar points in Tex's French Grammar and complete all Texercises which you will turn in to your instructor.

Exercice 3. Tu as quel âge?
Trouvez les étudiants qui ont le même âge que vous. (Find the students in your class who are the same age as you are. Ask your classmates their age and group yourselves accordingly. Report the results to your teacher. Use only French!)

Modèle: Tu as quel âge?   J'ai _____ ans.

1. Qui est le plus âgé (la plus âgée)? (Who is the oldest?) _____

   Quel âge est-ce qu'il/elle a? _____

2. Qui est le plus jeune (la plus jeune)? (Who is the youngest?) _____

   Quel âge est-ce qu'il/elle a? _____

2.1 avoir 'to have'

j'	ai
tu	as
il / elle / on	a
nous	avons
vous	avez
ils / elles	ont

Exercice 4. Séverine.
Complétez les phrases suivantes avec le verbe avoir.

Bonjour, je m'appelle Séverine. Je suis secrétaire à l'Université d an Moulin à Lyon. En été nous _____ beaucoup d'étudiants de l'Université du Texas. Ils _____ des aventures formidables en France. Est-ce que vous _____ envie de visiter Lyon?

Chapitre 2

At home, please go to the Français interactif website. Read the following grammar points in Tex's French Grammar and complete all Texercises which you will turn in to your instructor.

2.2 –er verbs

danser 'to dance'

je	danse
tu	danses
il / elle / on	danse
nous	dansons
vous	dansez
ils / elles	dansent

THE BOOT

Exercice 5. Qu'est-ce qu'ils font?
Trouvez la phrase correcte pour chaque image.

a. Ils regardent la télévision.
b. Ils voyagent.
c. Ils dansent.
d. Il joue du piano.
e. Ils étudient.
f. Ils jouent au tennis.
g. Il chante.
h. Il écoute de la musique.

Exercice 6. Singulier ou pluriel?
Ecoutez et décidez si le verbe est au singulier ou au pluriel. Ecoutez une deuxième fois et écrivez le pronom et le verbe.

	singulier	pluriel	impossible à distinguer
Modèle: Ils étudient le français.	☐	√	☐
1. _____	☐	☐	☐
2. _____	☐	☐	☐
3. _____	☐	☐	☐
4. _____	☐	☐	☐
5. _____	☐	☐	☐
6. _____	☐	☐	☐

Chapitre 2

Exercice 7. Les activités de la famille Simpson.
A. Pensez à la famille Simpson. Décidez si les phrases suivantes sont vraies ou fausses.

	Vrai	Faux
1. Homer adore jouer du piano.	☐	☐
2. Bart préfère lire.	☐	☐
3. Homer a toujours envie de manger.	☐	☐
4. Maggie adore jouer au tennis.	☐	☐
5. Marge aime rester à la maison.	☐	☐
6. Homer déteste Monsieur Burns.	☐	☐
7. Bart préfère la musique classique.	☐	☐
8. Lisa aime étudier.	☐	☐
9. Homer adore parler avec Monsieur Flanders.	☐	☐

B. Maintenant, complétez les phrases suivantes avec un des verbes de la liste. (Vous allez utiliser un des verbes deux fois.)

téléphoner   jouer   regarder   embrasser   travailler   lire

1. Homer adore _____ Marge.
2. Bart aime _____ au football américain.
3. Homer déteste _____ .
4. Bart et Lisa aiment _____ à Moe.
5. Lisa adore _____ .
6. La famille Simpson _____ Itchy et Scratchy à la télé.
7. Lisa aime _____ du saxophone.

Exercice 8. Tes passe-temps
Posez des questions à vos camarades de classe.

Est-ce que tu...
1. ..téléphones souvent à tes parents? _____
2. ..tombes souvent amoureux/amoureuse? _____
3. ..joues au foot? _____
4. ..détestes la télévision? _____
5. ..aimes étudier? _____
6. ..voyages beaucoup? _____
7. ..joues du piano? _____
8. ..chantes? _____
9. .adores le hip-hop? _____
10. ..écoutes de la musique classique? _____

NOTE CULTURELLE

Les anglicismes préférés des Français

Le français, comme toutes les langues vivantes, emprunte à d'autres (borrows from others) des mots (words) et des expressions. Certains anglicismes (d'origine anglaise): le tunnel, le week-end, la baby-sitter, le parking, le hip-hop, le mail (l'email), bloguer, etc. ont enrichi le vocabulaire français.
www.asapfrance.info

- Quels mots anglais sont d'origine française? (Give at least 5 English words of French origin.)
- Quelles villes américaines ont des noms français?
- Combien de personnes dans le monde parlent français? (Guess!)*
- See cultural note 'Le français' in this chapter for answer.

! Parlez uniquement en français! Si la réponse est "OUI!", demandez la signature de cette apersonne. Changez de camarade pour chaque question. Ecoutez attentivement les questions qu'on vous pose. Ne répondez pas à des questions incomplètes.

Chapitre 2

Exercice 9. Quel verbe?
Complétez les phrases avec le verbe logique.

aimer   étudier   avoir   jouer   écouter   habiter   rencontrer   voyager

1. Corey _____ envie de rester à la maison.
2. Vous _____ au tennis?
3. Tex et Tammy, ils _____ de la musique.
4. Ja e-Bob et Corey _____ au Texas.
5. Nous _____ nos amis au café le week-end.
6. Ja e-Bob _____ rarement. Il n'est pas un étudiant sérieux.
7. Les étudiants _____ à Lyon.
8. Est-ce que tu _____ danser?.

Exercice 10. Le sport à Lyon.

If you participate in the Lyon program, you will be spending a good amount of time in France and might want to try new pastimes while you're there! This document is from the *Livret d'accueil* de l'étudiant of the Université Jean-Moulin, where you will study in Lyon. The *Livret d'accueil* gives information about the university to new or foreign students. This page describes the sports and activities offered by the university.

Before consulting the Livret d'acceuil, consider the following two questions. Be prepared to discuss these in class.

1. What kinds of sports and activities would you expect an American university to offer? What kinds of facilities might they have?
2. What kind of information would you expect to find on a document intended for new students?

Scan the information on the following page to find answers to the comprehension questions, and then give your answers to the opinion questions. Don't worry if you don't understand every word of the text! Ju st look for words that you already kn ow and cognates (words that look similar to English or Spanish) to help you!

You may answer in English. We will discuss your responses in class.

Comprehension Questions

1. What outdoor sports/activities are offered? Give at least 2 options.
   _____

2. What individual sports/activities are offered? Give at least 2 options.
   _____

3. Does the University have facilities for sports and activities? Give one example.
   _____

4. What days and times is the Bureau du Service des Sports open? Where could you send an email if you had a question for them?
   _____

5. What off-campus sports and activities are offered through partnerships with other clubs?
   _____

Chapitre 2

Sport

Initiation - perfectionnement - entraînement - compétition - santé

Parce que l'épanouissement intellectuel passe aussi par une bonne condition physique, commencez l'entraînement dès la rentrée…

Plus de 35 activités sportives

Sportifs débutants ou confirmés, des cours vous seront proposés dans une multitude d'activités : sports aquatiques ou de combats, athlétisme, danses, muscu-fitness, sports de raquettes (tennis, tennis de table, badminton), sports collectifs, activités en plein-air (équitation, golf, escalade…). Vous pourrez également pratiquer ces activités en compétition.

Toute l'année, différentes manifestations vous sont proposées : des stages de danse (Bruno Vandelli, Gianin Loringett), des courses à pied (le marathon de Lyon, les 10 km sport et santé), des sorties de ski, des rando-raids…

Des activités spécifiques sont proposées aux étudiants handicapés : Contactez le Service des Sports

Des infrastructures modernes et de qualité au sein même de l'Université

- **Studio de danse** (modern'jazz, street jazz, danses sportives, gym d'entretien, aérobic, abdo-fessiers).
- **Espace cardio-training fitness** (3 salles entièrement modernisées).
- **Salle de combat** (karaté, judo, boxe française, taekwondo, aikido).
- **Salle de tir** (carabine, pistolet).

À proximité, d'autres installations vous permettront de choisir parmi une grande variété de sports collectifs et des activités comme l'escalade, l'escrime, la natation, le water-polo, le badminton et le tennis.

Grâce à nos partenariats avec des clubs extérieurs, vous pourrez également pratiquer d'autres activités :

- **Golf** (golf de Chassieu)
- **Équitation** (choix parmi 8 grands centres équestres lyonnais)
- **Plongée** (club universitaire « le glup »)
- **Aviron** (avec le club lyonnais l'AUNL)

Plus d'infos et inscriptions

Bureau du Service des Sports

- **Manufacture des Tabacs** Espace rue Sud
- **Horaires** du lundi au vendredi de 9h30 à 16h30
- 04 78 78 78 50
- sport@univ-lyon3.fr

Plein-air	Open-air/Outdoor
Des cours vous seront proposés	Courses will be offered
Au sein	within
Partenariat	partnership
Infrastructures	facilities
À proximité	nearby
Du… au…	From… to…

Exercise 10. Discussion Questions

1. What similarities and/or differences do you see between sports and activities at the Université Jean-Moulin and at the University of Texas (or any typical American university)?
2. What sport(s) or activities would you choose to do while you're abroad in Lyon? Why? Please choose at least one pastime that is included on this document.
3. Do you see any benefits or disadvantages to participating in sports/activities when studying abroad? What are they?

Exercice 11. C'est moi.
Complétez les phrases suivantes.

1. **Mon** nom est _____ et **mes** prénoms sont _____ .
2. **Ma** nationalité est _____ .
3. **Mon** adresse (f) est _____ .
4. **Mes** passe-temps préférés sont _____ .

Chapitre 2

Exercice 12. Grammaire interactive.
A. Reliez les équivalents.

Comment tu t'appelles?	• Quelle est ton adresse?
Où habites-tu?	• Quels sont tes prénoms?
Tu es d'où?	• Quelle est ta nationalité?
Tu as des passe-temps préférés?	• Quel est ton nom?
	• Quels sont tes passe-temps préférés?

B. Look at the questions in Exercice A. What does **quel** mean? How can you explain the difference between **quel – quelle – quels - quelles**?

	gender (m/f)	number (s/p)
Quel is used when the noun it refers to is		
Quelle is used when the noun it refers to is		
Quels is used when the noun it refers to is		
Quelles is used when the noun it refers to is		

At home, please go to the Français interactif website. Read the following grammar points in Tex's French Grammar and complete all Texercises which you will turn in to your instructor.

2.3 possessive determiners

Masc. singular	mon ton son notre votre leur
Fem. singular	ma ta sa notre votre leur
Plural	mes tes ses nos vos leurs

Exercice 13. Et votre camarade?
Posez des questions à un camarade pour compléter les phrases suivantes.

1. **Son** nom est_____ et **ses** prénoms sont _____.
2. **Sa** nationalité est _____.
3. **Son** adresse (f) est _____.
4. **Ses** passe-temps préférés sont _____.

Exercice 14. La famille de Madame Guilloteau.
La famille de Madame Guilloteau est grande. Dans les phrases suivantes elle décrit sa famille. Trouvez les correspondances entre les deux colonnes.

_____1. Mes nièces étudient à l'université.
_____2. Ma belle-soeur adore Paris.
_____3. Mes cousins aiment les concerts.
_____4. Mes frères adorent le sport.
_____5. Mes filles aiment le ballet.
_____6. Mes tantes aiment parler.
_____7. Mon mari adore à mes Bond.
_____8. Mon grand-père rencontre rarement ses amis.

a. Elles dansent souvent.
b. Ils jouent au football américain.
c. Elles téléphonent souvent à leurs amies.
d. Elle voyage souvent en Europe.
e. Elles oublient leurs devoirs à la maison.
f. Il regarde des films.
g. Ils écoutent de la musique classique.
h. Il reste à la maison.

Chapitre 2

Exercice 15. Votre famille.

Maintenant, pensez à votre famille. Qu'est-ce que les membres de votre famille font ("do")? Complétez les phrases suivantes, et si c'est possible, donnez plusieurs possibilités.

Modèle: Mon cousin étudie tout le temps.

1. Ma mère et mon père _____ .
2. Mes grands-parents _____ .
3. Mes amis _____ .
4. Ma soeur / Mon frère _____ .
5. Mon oncle _____ .
6. Ma tante _____ .

Exercice 16. Mon, ma, mes.
Donnez la forme correcte.

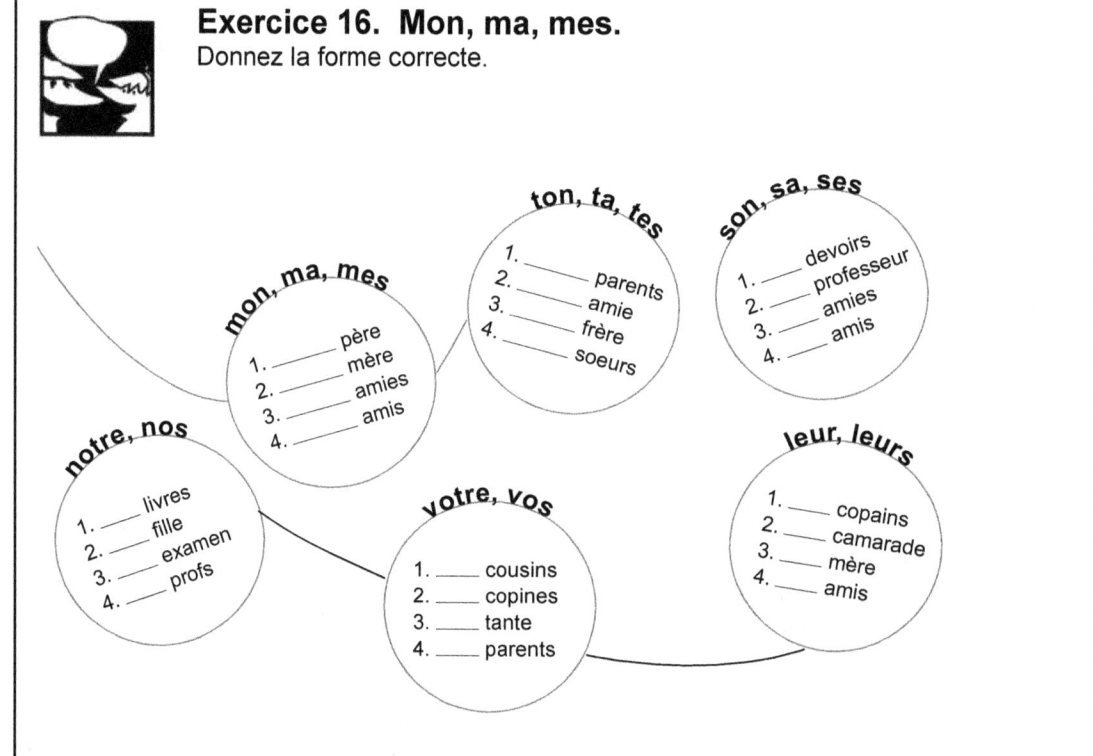

mon, ma, mes
1. ___ père
2. ___ mère
3. ___ amies
4. ___ amis

ton, ta, tes
1. ___ parents
2. ___ amie
3. ___ frère
4. ___ soeurs

son, sa, ses
1. ___ devoirs
2. ___ professeur
3. ___ amies
4. ___ amis

notre, nos
1. ___ livres
2. ___ fille
3. ___ examen
4. ___ profs

votre, vos
1. ___ cousins
2. ___ copines
3. ___ tante
4. ___ parents

leur, leurs
1. ___ copains
2. ___ camarade
3. ___ mère
4. ___ amis

Exercice 17. Comment dit-on?
En bon français, s'il vous plaît....

1. **his** grandmother _____.
2. **your** son (tu) _____.
3. **their** parents _____.
4. **her** brother _____.
5. **our** cousins _____.
6. **my** aunt _____.
7. **his** sisters _____.
8. **your** children (vous) _____.

Exercice 18. Ma famille.

A. Préparez une description de votre famille.

B. En classe, présentez (oralement) votre famille à un/une partenaire. Après, votre partenaire va dessiner (draw) un arbre généalogique pour représenter votre famille selon votre description. Votre partenaire pose des questions pour verifier l'information, par exemple, "Anne, c'est ta soeur, n'est-ce pas (right?)?" ou "Tu as un frère et une soeur, n'est-ce pas (right?)?" Après, changez de rôle. Pour finir, vous et votre partenaire vérifiez les arbres généalogiques.

(Prepare a description of your family. Present your description orally to a partner. Your partner will draw a family tree to represent your family according to your description. Your partner will ask questions to verify the information, for example, "Anne is your sister, right?" or "You have one brother and one sister, right?" After, change roles. Finally, you and your partner will check each other's trees for accuracy.)

C. Maintenant, votre professeur va choisir deux ou trois volontaires pour donner leurs descriptions à la classe. Tous les étudiants vont dessiner des arbres généalogiques et posez des questions. Ensuite, les étudiants vont rendre leurs dessins au professeur à la fin de l'exercice.

(Now your professor will choose two or three volunteers to give their descriptions to the class. All students will draw the family trees and ask questions. Students will then turn in their drawings to the instructor at the end of the exercise.)

Chapitre 2

NOTE CULTURELLE

L'heure officielle

L'heure officielle des Franças est l'heure militaire, comme disent les Américains ("military time"). La journée des Français a 24 heures, de minuit (00 am) à 23 heures (11pm). En France, les horaires sont à l'heure officielle dans les gares, les aéroports, les programmes de télévision ou de cinéma. Ainsi, il n'y a pas de confusion: 4 heures (4am) est différent de 16 heures (4pm).

Exercice 19. Quelle heure est-il?
Regardez les photos. Quelle heure est-il?

Il est _____   Il est _____   Il est _____

Dictogloss 1.

Ecoutez et complétez les phrases suivantes. (Listen and take notes as your teacher
reads a dialogue. Working in groups, reconstruct the text with as many details as
possible.)

- Oh non! Pas possible...il est déjà _____ ! Allez vite!
- Mais il est_____ ton train?
- Euh...ah! Voilà! le_____ à Paris, il est à _____pile.
- Mais _____, encore _____ . Pas de problème.
- _____ Maman.
- _____ chéri. Bon voyage.

Exercice 20. Le cinéma
Le film Amélie est à quelle heure? (Write out the times indicated in official time, twenty-four hour time.)

Voici le film 'Le Fabuleux Destin d'Amélie Poulain.' Il y a une séance (showing)

Modèle:
à 14h10: quatorze heures dix

à _____,

à _____,

à _____.

Le mercredi, le samedi et le dimanche, il y a aussi une séance

à _____.

Exercice 21. Il est quelle heure?
Quelle heure est-il (l'heure non-officielle)? (Give the non-official time for the following official times.)

1. 14h00 _____
2. 15h55 _____
3. 19h45 _____
4. 21h45 _____
5. 12h05 _____

Exercice 22. A quelle heure?
Posez les questions suivantes à un camarade de classe et comparez vos réponses.

1. En général, à quelle heure est-ce que tu étudies?
2. A quelle heure est-ce que tu écoutes de la musique?
3. A quelle heure est-ce que tu regardes la télé?
4. Est-ce que tu travailles? A quelle heure?
5. A quelle heure est-ce que tu téléphones à tes parents?
6. A quelle heure est-ce que tu rencontres tes amis?

At home, please go to the Français interactif website. Read the following grammar points in Tex's French Grammar and complete all Texercises which you will turn in to your instructor.

2.4 yes/no questions

rising intonation	Tex, tu aimes les films?
est-ce que	Tex, est-ce que tu aimes les films?
n'est-ce pas	Tex, tu aimes les films, n'est-ce pas?

Chapitre 2

At home, please go to the Français interactif website. Read the following grammar points in Tex's French Grammar and complete all Texercises which you will turn in to your instructor.

2.5 Basic negation

ne...pas

Joe-Bob ne travaille pas beaucoup.

ne > n'

Il n'est pas très intelligent.

un, une, des > de or d'

Joe-Bob n'a pas de frère.

(See 2.5 for more information.)

Exercice 23. Tu as raison!

A. Posez les questions suivantes à un camarade. (Find out how well you know a classmate by asking the following questions. Insert the information that you think is true.)

Tu t'appelles _____ , n'est-ce pas?

Tu es _____ , n'est-ce pas? (nationalité)

Tu habites à _____ , n'est-ce pas?

Est-ce que tu aimes _____ ?

B. Votre camarade répond: (Your classmate will confirm or correct your information)

Modèle:
Oui, je m'appelle...
Mais non, je m'appelle...

Exercice 24. Les étudiants d'Austin!

A. Connaissez vous (do you know) les étudiants du programme de Lyon? Transformez les phrases suivantes en questions en employant l'intonation. (Make the following sentences into questions using intonation.)

B. Maintenant (now) transformez les phrases ci-dessous (below) en questions avec 'est-ce que'.

C. Ensuite (finally) transformez les phrases ci-dessous (below) en questions avec 'n'est-ce pas'.

Modèle:
C'est Laila.
C'est Laila?

Modèle:
C'est Laila.
Est-ce que c'est Laila?

Modèle:
C'est Laila.
C'est Laila, n'est-ce pas?

1. Laila est de Dallas.
2. Elle parle arabe.
3. Blake adore les sports.
4. Karen est de Mexico.
5. Elle aime le hip-hop.

Exercice 25. Mais non!

Joe-Bob n'est pas très intelligent. Mettez ses phrases au négatif.

Joe-Bob: **Vous:**

| **Modèle:** Tex est de Dallas. | Mais non, il n'est pas de Dallas. |

1. Laila est ingénieur. _____
2. Karen déteste le hip-hop. _____
3. Nous sommes à Paris. _____
4. Blake étudie les sciences. _____
5. Il est 5 heures du matin. _____
6. Il y a un piano dans la salle de classe. _____
7. Franck a un fils. _____
8. Sa femme s'appelle Jane. _____

Exercice 26. Nous n'aimons pas!

A. Ecrivez cinq questions. (You are going to compare your pastimes and activities with your classmates to find the activities that you have in common. First think of the activities you like and dislike and formulate at least five questions. Consult the list of pastimes in the vocabulary list.)

Modèle:
Est-ce que tu aimes la musique française?
Est-ce que tu regardes la télévision?

1. _____
2. _____
3. _____
4. _____
5. _____

B. En groupes de trois, posez vos questions et comparez vos préférences et vos passe-temps avec vos camarades.

Modèle:
Moi, j'aime la musique française. Et toi?   ... Oui, j'adore la musique française
Est-ce que tu aimes la musique française?   ou ... Non, je n'aime pas la musique française.

Chapitre 2

C. Be prepared to report to the class at least three activities that you all like and do and three that you do not like or do.

> **Modèle:**
> Nous aimons le jazz.   Nous n'aimons pas la techno.
> Nous regardons la télévision.   Nous n'écoutons pas la radio.

1. _____   _____
2. _____   _____
3. _____   _____

Exercice 27. Tu es plutôt sérieux / sérieuse ou frivole?

A. Décidez si chaque activité est un loisir (a leisure activity) ou une obligation.

	un loisir	une obligation
1. voyager en France	☐	☐
2. écouter le professeur	☐	☐
3. travailler à Macdo	☐	☐
4. étudier le français	☐	☐
5. jouer aux cartes	☐	☐
6. rêver	☐	☐

B. Ecrivez quatre autres (other) activités. Est-ce que ces activités sont des loisirs ou des obligations?

	un loisir	un obligation
	☐	☐
1. _____	☐	☐
2. _____	☐	☐
3. _____	☐	☐
4. _____	☐	☐

C. Rapportez vos décisions à la classe. Est-ce que tout le monde est d'accord?

D. Comparez (écoutez et écrivez) vos activités avec un partenaire. (Tell him/her how often you do these activities. Use adverbs to describe your activities. Are there any activities that you never do? Remember that adverbs follow the verb: beaucoup ...)

Rappel: –er verbs
parler
'to speak'

je	parle
tu	parles
il / elle / on	parle
nous	parlons
vous	parlez
ils / elles	parlent

2.6 Introduction to adverbs

In French most adverbs end in -ment.

Adverbs follow the verb:
beaucoup, parfois, un peu, rarement, quelquefois, souvent, toujours, ne ... jamais

> **Modèle:** J'étudie beaucoup. Je ne joue jamais aux cartes.

E. Décidez si votre partenaire est plutôt sérieux ou plutôt frivole. (After comparing your activities, decide if your partner is more serious or more frivolous. Be prepared to explain your decision to the class with at least two sentences.)

> **Modèle:** X est plutôt frivole, parce qu'il étudie rarement et il regarde beaucoup la télévision.

Devoirs: Est-ce que vous êtes d'accord avec votre partenaire? Ecrivez un paragraphe de six phrases.

> **Modèle:**
> Je suis d'accord avec X. (Je ne suis pas d'accord.) Je suis sérieux, parce que je travaille toujours…

At home, please go to the Français interactif website. Read the following grammar points in Tex's French Grammar and complete all Texercises which you will turn in to your instructor.

2.7 interrogative and exclamative quel

Masculine singular	quel
Masculine	quels
Feminine singular	quelle
Feminine plural	quelles

Exercice 28. Quelle question?
A. Quelle forme de 'quel'?

a. Quel...   _____1. ... sont tes passe-temps préférés?
b. Quelle...   _____2. ... est ton nom?
c. Quels...   _____3. ... est ton prénom?
d. Quelles...   _____4. ... est ta nationalité?
                _____5. ... sport est-ce que tu préfères?
                _____6. ... âge as-tu?
                _____7. ... musiques est-ce que tu préfères?
                _____8. ... est ta profession?
                _____9. ... est ton lieu de naissance?
                _____10. ...est ton adresse?

B. Posez des questions à une personne dans la classe avec qui vous n'avez jamais parlé et complétez la fiche. (Find someone you have not yet talked with!)

```
THE UNIVERSITY OF TEXAS
      AT AUSTIN

?     Nom de famille: _____
      Prénom: _____
      Age: _____
      Nationalité (fém.): _____
      Résidence actuelle: _____
      Passe-temps: _____
```

Chapitre 2

NOTE CULTURELLE

Le français

Le français n'est pas seulement (only) la langue des Français: 160 millions de personnes de 49 pays différents sont francophones.

Le français est la langue maternelle de 70 millions d'Européens: Français, Belges Wallons, Suisses Romands, Luxembourgeois, Monégasques et Andorrans et de 6 millions de Canadiens principalement de la province du Québec.

Langue officielle de 31 pays d'Afrique, le français est couramment parlé au Maghreb (l'Algérie, la Tunisie, le Maroc) et au Liban. D'autres pays encore ont en commun la langue française notamment la Louisiane, Haïti, les Seychelles, Madagascar, l'Île Maurice...

Le français est l'une des langues officielles des organismes internationaux (ONU, UNESCO, OCDE...) mais aussi la plus traduite (translated) dans le monde après l'anglais. Langue diplomatique du Vatican, avec l'italien, elle est aussi la langue officielle des jeux olympiques en hommage à Pierre de Coubertin, qui créa (created) les Olympiades modernes.
Enfin, l'Union postale universelle (169 pays membres) communique en français.
www.asapfrance.info/

Exercice 29. Quelle image?

Quelle phrase va avec chaque image? (Which caption goes with which picture? Note the use of quel in these exclamative expressions.)

a. Tammy: Quel beau tatou!   c. Je-Bob: Quelle belle minette!
b. Je-Bob: Quel tatou snob!   d. Vous: Ah, Quels animaux absurdes!

Exercice 30. Quel mot interrogatif?

Voici des réponses de Bette. Quelle est la question?
Utilisez **quel**, **quand**, **qui**, **comment**, **pourquoi**, **où**.

Bette:

1. _____ Je m'appelle Bette.
2. _____ J'ai 22 ans.
3. _____ Je suis américaine.
4. _____ J'habite à Austin.
5. _____ J'aime parler français et voyager.
6. _____ Parce que j'adore les hommes français.

Exercice 31. Quel continent?

A. Ecrivez le pays que vous entendez et ensuite cochez ( ) l'adjectif qui correspond au continent convenable (appropriate).

	africain	européen	américain	asiatique
Modèle: la France, c'est un pays...	☐	√	☐	☐
1. _____	☐	☐	☐	☐
2. _____	☐	☐	☐	☐
3. _____	☐	☐	☐	☐
4. _____	☐	☐	☐	☐
5. _____	☐	☐	☐	☐
6. _____	☐	☐	☐	☐

B. Completez le tableau

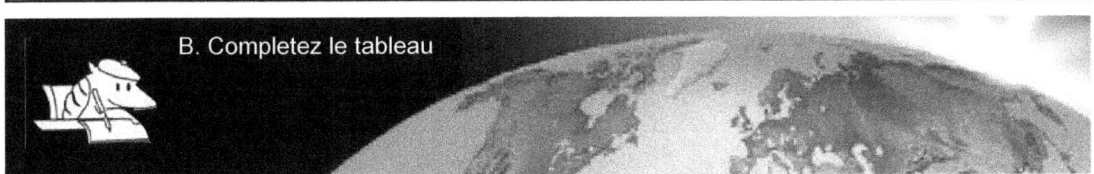

Pays	Continent	Nationalité (fém)	Langue(s)
Modèle: la France	l'Europe	française	le français
		sénégalaise	
	l'Afrique		
le Maroc			
		espagnole	
	l'Amérique du Nord		l'anglais et le français
			le chinois
		vénézuélienne	
	l'Asie		
			l'anglais (m.)
	l'Europe		
		suisse	
		belge	

At home, please go to the Français interactif website. Read the following grammar points in Tex's French Grammar and complete all Texercises which you will turn in to your instructor.

2.8 introduction to adjectives

2.9 adjectives: formation and placement (regular)

Masc. singular	petit / grand / aimable / français
Fem. singular	petite / grande / aimable / française
Masc. plural	petits / grands / aimables / français
Fem. plural	petites / grandes / aimables / françaises

! Adjectives typically follow the noun in French.

Exercice 32. Vous aimez la géographie?
A. Donnez le nom d'....

1. une ville algérienne: _____
2. une voiture allemande: _____
3. un prince anglais: _____
4. une ville espagnole: _____
5. un acteur français: _____
6. une femme italienne: _____
7. une ville japonaise: _____
8. un président mexicain: _____

B. Quelles sont leurs nationalités?
1. Céline Dion: Elle est _____
2. Edith Piaf: Elle est _____
3. Lady Gaga: Elle est _____
4. George Clooney: Il est _____
5. Léopold Senghor: Il est _____
6. Emmanuel Macron: Il est _____
7. La reine Elizabeth: Elle est _____
8. Votre prof: Il/elle est _____

Dictogloss 2. La famille de Franck Guilloteau.
Ecoutez et complétez les phrases suivantes. (Dictogloss. Listen and take notes as your teacher reads a paragraph. Working in groups, reconstruct the text with as many details as possible.)

Voici la famille de Franck Guilloteau.

Sur la photo, il y a _____, Caroline et _____ Natasha.

Elles habitent _____ . Il y a aussi

_____ de Franck. Elle _____ en Provence

avec leur père . Ils sont _____.

Sur la photo, il y a aussi _____ de Franck et _____,

Camille et Audrey. Les filles sont _____.

Elles habitent _____ mais elles _____

voyager en France en été pour être avec _____

et pour jouer avec _____.

Vocabulaire

- le temps
- les saisons
- la géographie
- les points cardinaux
- L'Hexagone
- les activités
- les transports
- verbes
- les nombres cardinaux 70-100

Phonétique

- l'accentuation
- l'intonation

Grammaire

- 3.1 faire 'to do, to make'
- 3.2 faire expressions
- 3.3 -ir verbs (irregular) partir, sortir, and dormir
- 3.4 -er verbs (stem changing) present tense
- 3.5 aller 'to go'
- 3.6 futur proche
- 3.7 prepositions with places

- testez-vous!, chapitre 03
- verb conjugation reference
- verb practice

Vidéos

Vocabulaire en contexte

- L'Hexagone
- à la gare
- quel temps fait-il?
- au lac
- en ville

Interviews

- le temps
- le week-end
- le week-end prochain
- en vacances

3 Les vacances en France.

In this chapter we will talk about the weather, seasons, and geography. We will also plan vacation activities in France.

Vocabulaire

Préparation du vocabulaire

Be sure to download the pdf vocabulary preparation template from the FI website to complete Exercises B, E, and F.

! Your instructor will collect this homework

Chapitre 3

Le temps
Quel temps fait-il?
Il fait beau.
    Il fait chaud.
    Il fait du soleil. / Il y a du soleil.
    Il fait frais.
Il fait mauvais.
    Il fait froid.
    Il fait du brouillard. / Il y a du brouillard.
    Il fait du vent. / Il y a du vent.
    Il y a des nuages.
    Il y a des orages.
    Il pleut. (pleuvoir)
    Il neige. (neiger)

Les saisons (f)
le printemps / au printemps
l'été (m) / en été
l'automne (m) / en automne
l'hiver (m) / en hiver

La géographie
la campagne
la ville
une province
une région
un lac
un fleuve
    la Loire
    la Garonne
    le Rhône
    la Seine
la mer
    la mer Méditerranée
l'océan (m)
    l'océan Atlantique
    la Manche
la plage
une forêt
la montagne
    les Alpes (f)
    le Jura
    les Pyrénées (f)
    le Massif Central
    les Vosges (f)

The weather
What's the weather?
It's nice.
    It's hot.
    It's sunny.
    It's cool.
It's bad.
    It's cold.
    It's foggy.
    It's windy.
    It's cloudy.
    There are storms.
    It's raining. (to rain)
    It's snowing. (to snow)

Seasons
spring / in the spring
summer / in the summer
fall / in the fall
winter / in the winter

Geography
countryside
town, city
province
region
lake
major river (that flows to the sea)
    the Loire (river)
    the Garonne (river)
    the Rhône (river)
    the Seine (river)
sea
    the Mediterranean Sea
ocean
    the Atlantic Ocean
    the English Channel
beach
forest
mountain
    the Alps
    the Jura (mountains)
    the Pyrenees
    the Massif Central
    the Vosges

Vocabulaire

Les points cardinaux	Points of the compass
dans le nord, au nord	in the north
dans le sud / au sud	in the south
dans l'est / à l'est	in the east
dans l'ouest / à l'ouest	in the west
au centre	in the center
sur la côte	on the coast

L'Hexagone (m)	France
l'Alsace (f)	Alsace
la Bourgogne	Burgundy
la Bretagne	Brittany
la Côte d'Azur	the Riviera
la Corse	Corsica
l'Ile de France (f)	Ile de France
(la région parisienne)	(Parisian region)
la Lorraine	Lorraine
la Normandie	Normandy
la Provence	Provence
la Vallée de la Loire	the Loire Valley

Les activités	Activities
aller	to go
aller au cinéma	to go to the movies
aller en boîte	to go clubbing
aller au concert	to go to a concert
aller à l'université	to go to the university
aller au parc	to go to the park
faire de la bicyclette	to go bicycle riding
faire du bateau	to go boating
faire de la planche à voile	to go windsurfing
faire des randonnées	to go hiking
faire du ski	to go skiing
faire du vélo	to go cycling
faire de la voile	to go sailing
faire une promenade	to take a walk
passer les vacances (f pl)	spend a vacation
visiter... (un lieu, pas une personne)	to visit... (a place, not a person)
une cathédrale	a cathedral
un château	a castle
une exposition	an exhibition, show
un monument	a monument
un musée	a museum
voyager	to travel
à l'étranger	abroad

Les nombres cardinaux 70-100

70	soixante-dix
71	soixante et onze
72	soixante-douze
73	soixante-treize
74	soixante-quatorze
75	soixante-quinze
76	soixante-seize
77	soixante-dix-sept
78	soixante-dix-huit
79	soixante-dix-neuf

80	quatre-vingts
81	quatre-vingt-un
82	quatre-vingt-deux
83	quatre-vingt-trois
84	quatre-vingt-quatre
85	quatre-vingt-cinq
86	quatre-vingt-six
87	quatre-vingt-sept
88	quatre-vingt-huit
89	quatre-vingt-neuf

90	quatre-vingt-dix
91	quatre-vingt-onze
92	quatre-vingt-douze
93	quatre-vingt-treize
94	quatre-vingt-quatorze
95	quatre-vingt-quinze
96	quatre-vingt-seize
97	quatre-vingt-dix-sept
98	quatre-vingt-dix-huit
99	quatre-vingt-dix-neuf

100	cent
102	cent-deux
200	deux cents
1.000	mille
2.000	deux mille
1.000.000	un million

Vocabulaire

Chapitre 3

Les transports — **Means of transport**

Comment voyagez vous?	How do you travel?
Je voyage...	I travel...
en avion / un avion	by plane / plane
en bateau / un bateau	by boat / boat
en train / un train	by train / train
en car / un car	by tour bus (from city to city) / tour bus
en voiture / une voiture	by car / car
Comment allez vous... (à l'université, chez vos parents, au travail, etc.)?	How do you go... (to the university, to your parents' house, to work etc.) ?
Je vais...	I go...
en métro / le métro	by subway / subway
en bus / un bus	by bus / bus
en taxi / un taxi	by taxi / taxi
à moto / une moto	by motorcycle / motorcycle
à vélo / un vélo	by bicycle / bicycle
à pied	on foot

Verbes — **Verbs**

acheter	to buy
amener	to bring somebody (along)
changer	to change
dormir	to sleep
emmener	to take somebody (along)
espérer	to hope
essayer	to try
manger	to eat
nager	to swim
partager	to share
partir	to leave
sortir	to go out

Phonétique

Go to the website for a complete explanation and practice exercises.

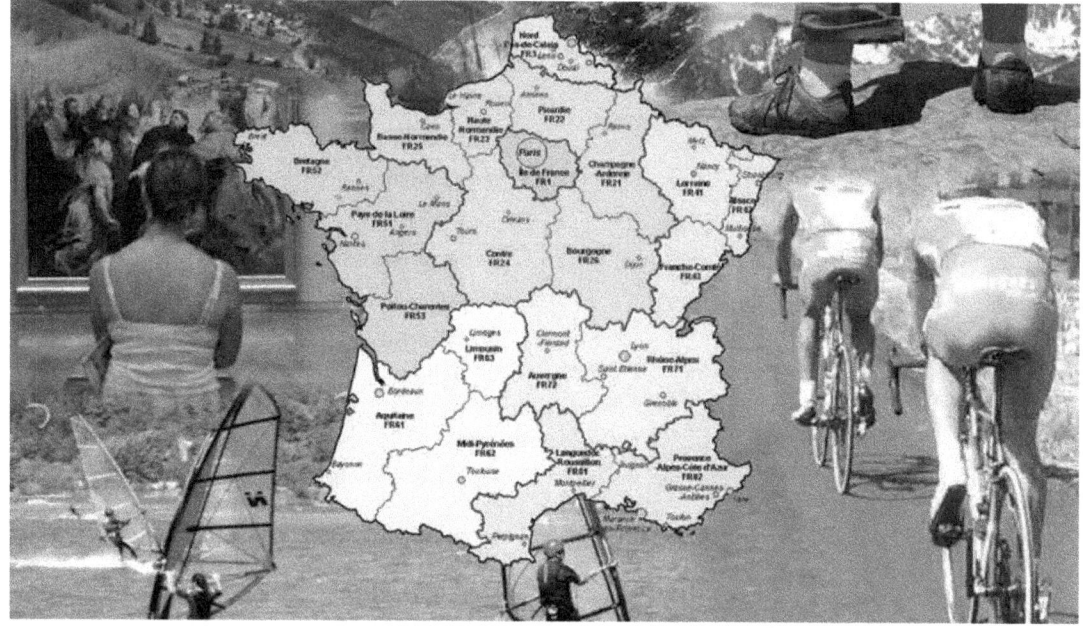

Chapitre 3

Introduction
Regardons la video ensemble pour répondre aux questions suivantes: Qui présente le chapitre? Où est-il/elle? Quels sont les thèmes du chapitre?

Exercice 1. La Géographie
Qu'est-ce que c'est?

C'est.../Ce sont...	un fleuve	des montagnes	une région	une ville
1. les Alpes	☐	☐	☐	☐
2. l'Alsace	☐	☐	☐	☐
3. la Normandie	☐	☐	☐	☐
4. Nice	☐	☐	☐	☐
5. la Loire	☐	☐	☐	☐
6. Strasbourg	☐	☐	☐	☐
7. la Provence	☐	☐	☐	☐
8. la Seine	☐	☐	☐	☐

NOTE CULTURELLE

L'Hexagone

La forme de la France ressemble à celle d'un hexagone. La superficie du pays est de 550 000 km 2. La France est le plus grand des 27 pays qui forment l'Union européenne tandis que l'Allemagne est le plus peuplé. La capitale de la France est Paris.

http://www.asapfrance.info/france/hexagone-est-mon-nom/

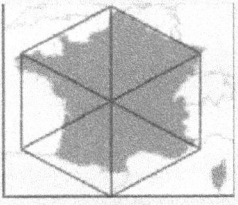

Chapitre 3

NOTE CULTURELLE

Les départements de France

La France métropolitaine est divisée en 96 départements. Chaque département a un numéro, deux chiffres qui se trouvent sur les plaques d'immatriculation (license plates) et dans les codes postaux (z p). Par exemple, le numéro du département du Rhône est 69 (Lyon est dans ce département). Sur la droite des plaques d'immatriculation françaises, il y a une bande bleue obligatoire avec le numéro du département du propriétaire de la voiture et le logo de la région du département.

Exercice 2. La géographie en chiffres.
Ecrivez les nombres en toutes lettres.

1. Lyon se trouve dans le département du Rhône (69)
   _____.

2. Il y a plusieurs départements dans la région parisienne: La Seine et Marne (77)
   _____.

   les Yvelines (78) , l'Essonne (91)_____

   et Paris (75)_____

3. Les Vosges, ce sont des montagnes et c'est aussi un département (88)

4. La Loire est un grand fleuve français qui passe par plusieurs départements, par exemple, la

   Saône-et-Loire (71) _____

   l'Indre et Loire (37) _____ et la

   Loire-Atlantique (44) _____.

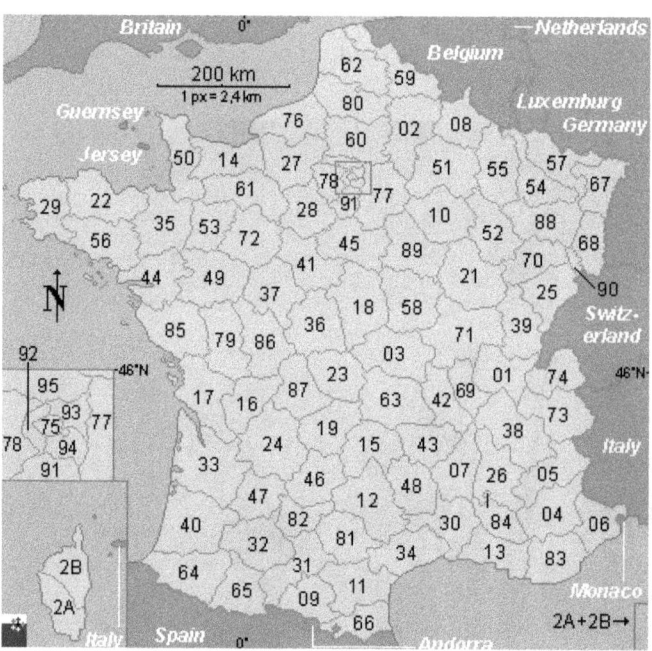

Exercice 3. Les fleuves français

Votre professeur va lire les longueurs des fleuves français. Ecoutez et complétez le tableau.

Fleuve	Longueur	
la Garonne		km
la Loire		km
le Rhin	(184 km en France)	km
le Rhône		km
la Seine		km

Exercice 4. Trains au départ

Ecoutez et complétez le tableau suivant. (Listen carefully as your teacher gives information about trains departing from the train station in Lyon. Fill in the relevant information in the chart below.)

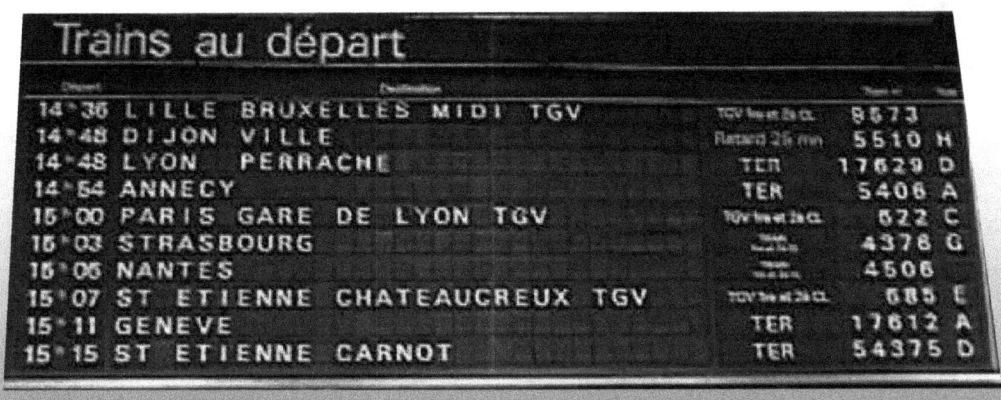

	Numéro de train	Destination	Heure de départ
Modèle:	# 9573	Lille, Bruxelles	14h36
1			
2			
3			
4			

Chapitre 3

NOTE CULTURELLE

Rhône-Alpes

La région Rhône-Alpes où se trouve Lyon est la deuxième région de France en superficie, en économie et en population. Cette région offre des paysages très divers: montagnes, vignobles et douces vallées, champs de lavande et d'oliviers. En Rhône-Alpes, l'eau se trouve sous toutes les formes: neige et glaciers, fleuves, rivières et lacs.

http://fr.wikipedia.org/wiki/Portail:Rhône-Alpes

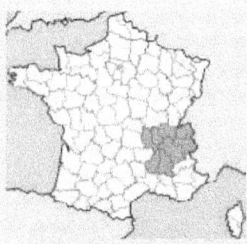

Exercice 5. Bizarre ou normal?

	bizarre	normal
1. Il neige dans les Alpes en hiver.	☐	☐
2. Il fait froid à Nice en été.	☐	☐
3. Il fait chaud à Dallas en automne.	☐	☐
4. Il fait du soleil au Maroc au printemps.	☐	☐
5. Il fait du vent à Chicago en mars.	☐	☐
6. Il y a des orages au Texas au printemps.	☐	☐
7. Il fait beau en Californie en automne.	☐	☐
8. Il n'y a jamais de nuages à Seattle.	☐	☐

Exercice 6. Quel temps fait-il?

Quand vous faites les activités suivantes, quel temps fait-il en général? Plusieurs (several) réponses sont possibles.

	Il fait beau.	Il fait froid.	Il pleut.	Il fait du vent.	Il neige.
aller au parc	☐	☐	☐	☐	☐
faire de la planche à voile	☐	☐	☐	☐	☐
faire des randonnées	☐	☐	☐	☐	☐
faire du ski	☐	☐	☐	☐	☐
aller au cinéma	☐	☐	☐	☐	☐
faire du vélo	☐	☐	☐	☐	☐
visiter un musée	☐	☐	☐	☐	☐

Exercice 7. Les villes?

Quel temps associez-vous avec ...

1. Boston?
2. San Francisco?
3. Anchorage?
4. Phoenix?
5. Miami?

Chapitre 3

Exercice 8. Les saisons
Quel temps fait-il au Texas...

1. en été?
2. en hiver?
3. au printemps?
4. en automne?

Exercice 9. Quel temps fait-il en France aujourd'hui?

 http://fr.weather.yahoo.com

Regardez le site Yahoo et complétez le tableau suivant.

Quel temps fait-il aujourd'hui ...

à Paris?	
à Lyon?	
à Marseille?	
à Brest?	

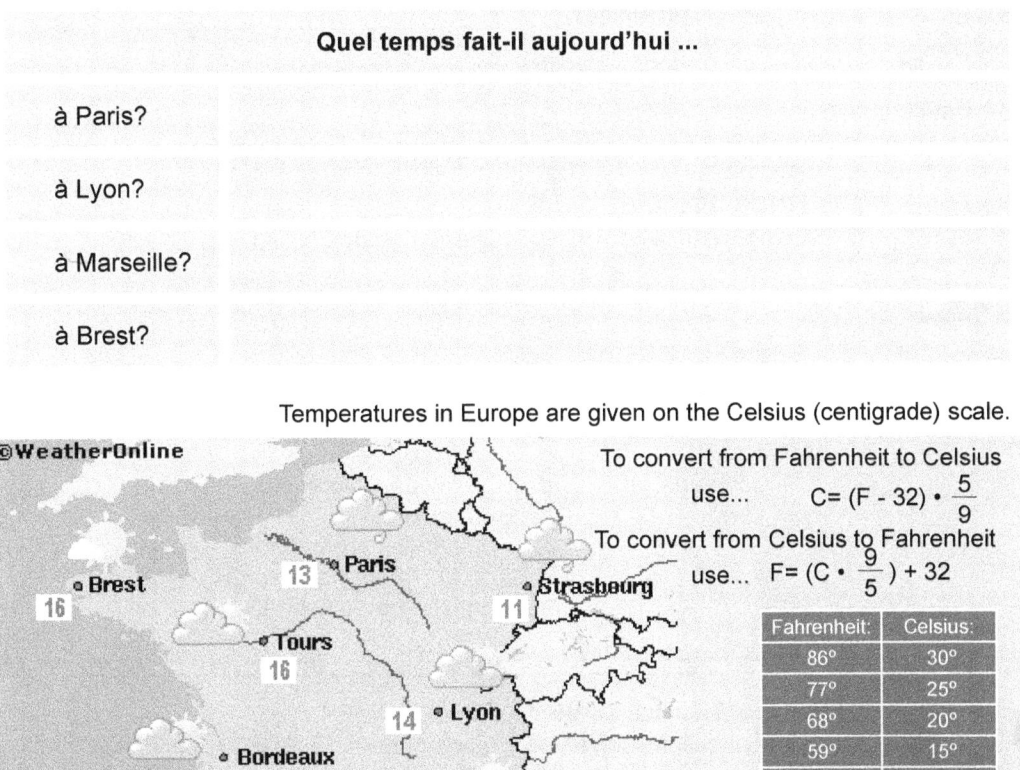

Temperatures in Europe are given on the Celsius (centigrade) scale.

To convert from Fahrenheit to Celsius use... $C = (F - 32) \cdot \frac{5}{9}$

To convert from Celsius to Fahrenheit use... $F = (C \cdot \frac{9}{5}) + 32$

Fahrenheit:	Celsius:
86°	30°
77°	25°
68°	20°
59°	15°
50°	10°
41°	5°
32°	0°
23°	-5°

At home, please go to the Français interactif website. Read the following grammar points in Tex's French Grammar and complete all Texercises which you will turn in to your instructor.

3.1 faire 'to do', 'to make'

je	fais
tu	fais
il elle on	fait
nous	faisons
vous	faites
ils elles	font

3.2 faire expressions

Il fait...	beau. mauvais.
faire...	du bateau une promenade

! Parlez uniquement en français! Si la réponse est "OUI", demandez la signature de cette personne. Changez de camarade pour chaque question. Ecoutez attentivement les questions qu'on vous pose. Ne répondez pas à des questions incomplètes.

NOTE CULTURELLE

La Provence-Alpes-Côte d'Azur

La Provence-Alpes-Côte d'Azur est la première région de France pour l'accueil des touristes français et seconde pour les touristes étrangers. Située en bordure de la mer méditerranée, au sud-est de la France, la région est peuplée de 4,8 millions d'habitants, qui résident dans ses quatre grandes métropoles, Marseille, Nice, Toulon et Avignon.

http://fr.wikipedia.org/wiki/Provence-Alpes-Côte_d%27Azur

Chapitre 3

Exercice 10. Tu es sportif?
Posez les questions suivantes à vos camarades de classe.

1. Est-ce que tu fais du ski en hiver?_____.
2. Est-ce que tu fais des randonnées à la montagne?_____.
3. Est-ce que tu fais souvent du bateau?_____.
4. Est-ce que tu fais du vélo le week end?_____.
5. Est-ce que tu fais une promenade tous les jours?_____.
6. Est-ce que tu fais de la voile en été?_____.
7. Est-ce que tu fais de la planche à voile?_____.
8. Est-ce que tu fais du ski nautique?_____.

Exercice 11. Où?
Quelles activités (a-h) vont avec chaque endroit (#1-4)?

_____ 1. A la campagne...   a. ... on fait du bateau.
_____ 2. A la mer...   b. ... on fait de la planche à voile.
_____ 3. Au lac...   c. ... on fait du vélo.
_____ 4. A la montagne...   d. ... on fait de la voile.
                                e. ... on fait du ski.
                                f. ... on fait des promenades.
                                g. ... on fait du ski nautique.
                                h. ... on fait des randonnées.

Exercice 12. Et vous?
Posez les questions suivantes à un camarade de classe et comparez vos réponses.

Modèle: Qu'est-ce que tu aimes faire quand il neige? J'aime faire du ski.

Qu'est-ce que tu aimes faire...

1. ... quand il fait beau?_____.
2. ... quand il fait froid?_____.
3. ... quand il pleut?_____.
4. ... quand il fait chaud?_____.

Exercice 13. Des activités.
Complétez avec la forme correcte du verbe faire.

1. Qu'est-ce que vous _____ en été?
2. Tex _____ du ski en hiver.
3. Nous _____ une promenade au parc.
4. Je _____ du vélo en été.
5. Tex et Tammy _____ du bateau à la mer.
6. Nous _____ des randonnées en automne.

Exercice 14. La Provence.
Répondez aux questions suivantes.

Voici l'itinéraire de l'excursion en Provence.

1. Quel monument est-ce que les étudiants visitent vendredi?
2. Qu'est-ce que les étudiants font vendredi après-midi aux Saintes Maries de la Mer?
3. Où dînent les étudiants vendredi soir?
4. Quelle ville est-ce que les étudiants visitent samedi?
5. Qu'est-ce que les étudiants font dimanche?
6. A quelle heure est-ce que les étudiants arrivent à Lyon dimanche soir?

LA PROVENCE
Du Vendredi 27 juin au dimanche 29 juin

ITINÉRAIRE

VENDREDI

Départ en autocar vers 08h00.
Déjeuner en cours de route.
A 13.00 visite guidé du Palais des Papes, symbole de la puissance de la paupauté témoigne, par son architecture et son décor, de cette splendeur passée.
Arrivée en début d'après-midi aux Saintes Maries de la Mer.
Installation à l'hôtel : HOTEL CAMILLE, 13 ave de la plage
Après midi libre pour baignade à la plage.
Départ à pied pour le dîner flamenco à 20.00 h au restaurant : EL CAMPO , 13 rue Victor Hugo

SAMEDI

Départ après le petit déjeuner pour Arles.
Visite à 10h de la ville : les arènes, le théâtre, l'Espace Van Gogh, le marché.
Déjeuner libre
Retour sur les Saintes Maries de la Mer. Fin d'après-midi libre.

DIMANCHE

Petit déjeuner, Libération des chambres.
Départ pour le célèbre Pont Du Gard. La beauté de cet édifice romain est due à sa simplicité et à sa grandeur. La hauteur et l'exceptionnelle largeur de ses voûtes ont contribué à le rendre célèbre et lui confère cette allure de légèreté surprenante.
Pique-nique au Pont du Gard.
16h30 Retour direct sur Lyon en fin d'après midi
Arrivée prévue aux alentours de 19.00h/20.00h.

At home, please go to the Français interactif website. Read the following grammar points in Tex's French Grammar and complete all Texercises which you will turn in to your instructor.

3.3 Partir, sortir, dormir

partir 'to leave'
sortir 'to go out'
dormir 'to sleep'

je	pars / sors / dors
tu	pars / sors / dors
il / elle / on	part / sort / dort
nous	partons / sortons / dormons
vous	partez / sortez / dormez
ils / elles	partent / sortent / dorment

Exercice 15. Typique ou pas typique?

	typique	pas typique
1. Tu dors huit heures par jour.	❑	❑
2. Tu sors chaque soir.	❑	❑
3. Tu pars à cinq heures du matin pour aller en classe.	❑	❑
4. Tu pars pour la Louisiane en été.	❑	❑
5. Tu dors en cours.	❑	❑
6. Tu sors le lundi soir.	❑	❑

Exercice 16. Singulier ou pluriel?

Ecoutez chaque phrase et décidez si le verbe est au singulier ou au pluriel. Ecoutez une deuxième fois et écrivez la phrase.

	singulier	pluriel
Modèle: Ils sortent souvent au cinéma.	❑	√
1. _____	❑	❑
2. _____	❑	❑
3. _____	❑	❑
4. _____	❑	❑
5. _____	❑	❑
6. _____	❑	❑

Exercice 17. Le/la colocataire agréable. Avec un partenaire, regardez les phrases suivantes. Décidez si ces phrases décrivent **le/la colocataire agréable** ou **le/la colocataire désagréable**. Rapportez vos décisions à la classe.

	le/la colocataire agréable	le/la colocataire désagréable
Il/elle part le matin à 6h.		
Il/elle sort tout le temps.		
Il/elle dort jusqu'à midi.		
Il/elle fait la cuisine (cook).		

A. Ajoutez encore 2 phrases qui correspondent au colocataire agréable et désagréable. Utilisez une variété de verbes (acheter, partager, manger, etc.)

Le/la colocataire agréable _____
_____ et _____ .

Le/la colocataire désagréable _____
_____ et _____ .

B. Rapportez vos phrases à la classe. Est-ce que tout le monde est d'accord?

Décrivez les habitudes du/de la colocataire agréable et désagréable dans un paragraphe de 6 phrases.

Modèle:
Le/la colocataire agréable étudie tout le temps. Il ne sort pas pendant la semaine.
Le/la colocataire désagréable ne partage pas et il dort tout le temps.

Chapitre 3

At home, please go to the Français interactif website. Read the following grammar points in Tex's French Grammar and complete all Texercises which you will turn in to your instructor.

3.4 -er verbs (stem-changing)

appeler 'to call'	
je	appelle
tu	appelles
il elle on	appelle
nous	appelons
vous	appelez
ils elles	appellent

préférer 'to prefer'	
je	préfère
tu	préfères
il elle on	préfère
nous	préférons
vous	préférez
ils elles	préfèrent

Dictogloss 1. Vendredi soir.

Formez des groupes de 3 ou 4 personnes. Ecoutez le texte lu par votre professeur. Complétez les phrases suivantes et donnez le plus de détails possibles.

C'est vendredi soir. Laila et Blake parlent au téléphone.

Laila: _____
Blake: Ben, non, je reste ici.
Laila: Ah bon!!!!!_____
Blake: Oh, je ne sais pas. _____
Laila: _____ Un nouveau groupe va jouer ce soir.
Blake: C'est quelle sorte de musique?
Laila: _____
Blake: Non, je suis fatigué, _____
Laila: Oh, tu deviens ennuyeux! (You're becoming boring!)

Exercice 18. Quelles vacances?

A. Choisissez un(e) étudiant(e) dans la classe que tout le monde connaît assez bien. Cette personne va s'asseoir dans le couloir pendant que les autres étudiants font cet exercice. (Choose a student that everyone knows well. This person will go sit in the corridor while the other students do this exercise.)

B. En groupes de 3 ou 4, écrivez le nom de cette personne dans le premier blanc. Puis, complétez chaque phrase.

_____ (l'étudiant[e])

1. préfère aller _____ (quelle destination?)
2. préfère _____ (quelle saison?)
3. préfère _____ (quelles activités?)
4. achète beaucoup de _____ (quelles choses?)
5. essaie toujours _____ (de)+verb / noun
6. emmène _____ (qui?)

C. Quel groupe connaît le mieux (knows best) l'étudiant(e)? Chaque groupe va annoncer ses résultats à la classe. Puis, l'étudiant(e) va donner les réponses correctes. Votre groupe a combien de réponses correctes? Quel groupe a gagné? Quel groupe connaît cette personne le mieux?

Exercice 19. Quelles sont vos activités en vacances?
Sondage (survey). Qu'est-ce que vous et vos camarades de classe font en vacances? En groupes de 4, décidez qui fait les activités suivantes en vacances.

At home, please go to the Français interactif website. Read the following grammar points in Tex's French Grammar and complete all Texercises which you will turn in to your instructor.

3.5 aller 'to go'

je	vais
tu	vas
il / elle / on	va
nous	allons
vous	allez
ils / elles	vont

Modèle:

Les noms des 4 membres du groupe:	Tex	Tammy	Joe-Bob	Corey
Qui préfère regarder la télévision?	☐	☐	√	√
Les noms des 4 membres de votre groupe:				
Qui préfère regarder la télévision?	☐	☐	☐	☐
Qui voyage souvent à l'étranger?	☐	☐	☐	☐
Qui emmène ses parents?	☐	☐	☐	☐
Qui nage dans la mer?	☐	☐	☐	☐
Qui mange des plats exotiques?	☐	☐	☐	☐
Qui préfère les hôtels de luxe?	☐	☐	☐	☐
Qui achète beaucoup de souvenirs?	☐	☐	☐	☐
Qui paie toujours son propre voyage? (Who always pays for his own trip?)	☐	☐	☐	☐
Qui essaie de parler une langue différente?	☐	☐	☐	☐

Maintenant, comparez les réponses de votre groupe avec les autres groupes dans la classe.

Modèle:
Joe Bob: Corey et moi, nous préférons regarder la télé, mais Tex et Tammy préfèrent sortir.

NOTE CULTURELLE

L'Ile-de-France

L'Île-de-France, où on trouve Paris, compte 11 millions d'habitants. C'est avant tout la «région capitale», centre administratif, politique, économique et culturel de la France. Sa tour Eiffel, symbole de la France, est le premier monument visité au monde.

http://fr.wikipedia.org/wiki/Portail:Île-de-Francer

Exercice 20. Les transports
A. Bizarre ou normal?

	bizarre	normal
1. On va en Europe en car.	☐	☐
2. On va à Dallas en voiture.	☐	☐
3. On va à l'université en avion.	☐	☐
4. On va au concert en voiture.	☐	☐
5. On va au cinéma à pied.	☐	☐

Exercice 21. Et vous?
Posez les questions suivantes à un partenaire.

Comment est-ce que tu vas...

1. chez tes parents?_____
2. à Houston?_____
3. à New York_____
4. à l'université?_____
5. à Paris? _____

Exercice 22. Comment ça va?
Posez les questions suivantes à un partenaire.

1. Comment vas-tu?
2. Et tes cours, est-ce qu'ils vont bien?
   Pourquoi ou pourquoi pas?

Exercice 23. Le week-end

A. En général, où est-ce que votre prof va le week end? En groupes de 3 ou 4, lisez les phrases et décidez si les phrases sont vraies ou fausses.

	oui	non
1. Le prof va au cinéma.	☐	☐
2. Le prof va à la mer.	☐	☐
3. Le prof va au parc.	☐	☐
4. Le prof va à l'université.	☐	☐
5. Le prof va au concert.	☐	☐
6. Le prof va au restaurant.	☐	☐
7. Le prof va en boîte.	☐	☐
8. Le prof va à Dallas.	☐	☐

Est-ce que vous avez raison? Posez des questions à votre professeur pour savoir.

> **Modèle:** Est-ce que vous allez au cinéma?

B. Et vous? En général, où est-ce que vous allez le week end?

	oui	non
1. Je vais au cinéma.	☐	☐
2. Je vais à la mer.	☐	☐
3. Je vais au parc.	☐	☐
4. Je vais à l'université.	☐	☐
5. Je vais au concert.	☐	☐
6. Je vais au restaurant.	☐	☐
7. Je vais en boîte.	☐	☐
8. Je vais à Dallas.	☐	☐

C. Comparez vos réponses avec celles (those) d'un partenaire. Où est-ce que votre partenaire va le week end? Est-ce que vous allez aux mêmes endroits (same places) (aux mêmes restaurants, concerts, boites, parc, etc.)? Expliquez

> **Modèle:**
> Mon partenaire et moi, nous allons à Ester pour manger.
> Mais il/elle va souvent à Dallas et moi, je reste à Austin.

Chapitre 3

At home, please go to the Français interactif website. Read the following grammar points in Tex's French Grammar and complete all Texercises which you will turn in to your instructor.

3.6 Futur proche (the near future)

conjugated aller + infinitive	Je vais voyager.
je	vais voyager
tu	vas voyager
il elle on }	va voyager
nous	allons voyager
vous	allez voyager
ils elles }	vont voyager

Exercice 24. Où est-ce que vous allez?
Posez les questions suivantes à un partenaire.

Où est-ce que tu vas pour…

Modèle:
1. rencontrer des amis?
↳ vais au café pour rencontrer des amis.

2. faire une promenade?
3. faire du ski ?
4. dormir?
5. faire du bateau?
6. visiter un musée?
7. nager?
8. faire du vélo?

Exercice 25. Grammaire interactive
A. Et qu'est-ce que votre professeur va faire le week end prochain (next week end)? En groupe de trois decidez si les phrases suivantes sont vraies ou fausses:

Le week end prochain,
1. votre professeur va aller en France.
2. votre professeur ne va pas nager à Barton Springs.
3. votre professeur va écouter de la musique.
4. votre professeur ne va pas dormir.
5. votre professeur va danser en boîte.

B. Look at the following sentences:

Votre professeur **va aller** en France
Votre professeur ne **va** pas **dormir**

Do they refer to past, present or future situations?
What is the form of aller and dormir? Are the verbs conjugated or not?
Now try and fill in the following blanks.

To express the **future** *in French, you can use the conjugated form of the verb* _____
followed by an _____ *. Negation is placed around* _____.

Exercice 26. Tous les jours ou le week-end prochain?
Ecoutez et décidez si les phrases sont au présent (tous les jours) ou au futur proche (le week-end prochain). Ecoutez une deuxième fois et écrivez la phrase.

	tous les jours	le week-end prochain
Modèle: Je vais visiter un musée.	☐	√
1. _____	☐	☐
2. _____	☐	☐
3. _____	☐	☐
4. _____	☐	☐
5. _____	☐	☐
6. _____	☐	☐
7. _____	☐	☐
8. _____	☐	☐

Exercice 27. Votre week-end.
Posez des questions à vos camarades de classe.

1. Est-ce que tu vas rencontrer des amis vendredi soir? _____
2. Est-ce que tu vas sortir au restaurant? _____
3. Est-ce que tu vas rentrer tard (late) samedi soir?_____
4. Est-ce que tu vas regarder la télé?_____
5. Est-ce que tu vas acheter des livres? _____
6. Est-ce que tu vas faire une promenade? _____
7. Est-ce que tu vas nager? _____
8. Est-ce que tu vas faire du sport?_____

Parlez uniquement en français! Si la réponse est "OUI", demandez la signature de cette personne. Changez de camarade pour chaque question. Ecoutez attentivement les questions qu'on vous pose. Ne répondez pas à des questions incomplètes.

Chapitre 3

Dictogloss 2. Le week-end de Laila
Formez des groupes de trois ou quatre personnes. Ecoutez le texte lu par votre professeur. Complétez les phrases suivantes et donnez le plus de détails possibles.

Aujourd'hui c'est vendredi.

Ce soir, _____

des amis au café.

Après, nous allons _____

et _____

Samedi matin, _____

avec ma mère et nous allons visiter _____

_____

Samedi soir, mon copain et moi _____

ou nous allons _____

Dimanche je vais _____

et _____

Exercice 28. Ce week-end?

A. Quels sont les projets de vos camarades de classe pour ce week end (this week end)? Qu'est-ce qu'ils vont faire? Ecrivez trois questions.

Modèle:
Est-ce que tu vas sortir ce week end?
Est-ce que tu vas faire du sport?

1. _____
2. _____
3. _____

B. En groupes de quatre, posez vos questions à des camarades de classe et comparez leurs réponses. Qu'est-ce qu'ils vont faire ce week end?

Devoirs: Ecrivez un paragraphe de six phrases pour décrire (describe) les activités de vos camarades de classe. Essayer de varier (vary) vos expressions et le vocabulaire.

Modèle:
X va faire des randonnées avec son frère. Y va aller à Dallas. Moi, je vais rester à Austin.

Exercice 29. Grammaire interactive
Look at the following sentences.

Votre professeur va **à** Dallas.   On va **au** Canada.
On va **en** France.   On va **aux** Etats-Unis.

What do the bolded prepositions in the sentences above mean?

Do you remember the gender of Canada and France?

Now fill in the blanks below.

To express **going to** a particular destination, …

the preposition _____ is used before cities.

the preposition _____ is used before masculine singular countries.

the preposition _____ is used before feminine singular countries.

the preposition _____ is used before plural countries.

Exercice 30. Tu es plutôt plage, montagne ou ville?
A. Où est-ce qu'on fait les activités suivantes: à la plage, à la montagne ou en ville?

		à la plage	à la montagne	en ville
1.	faire du bateau	☐	☐	☐
2.	faire du sk	☐	☐	☐
3.	visiter un musée	☐	☐	☐
4.	faire de la voile	☐	☐	☐
5.	aller au concert	☐	☐	☐
6.	faire une randonnée	☐	☐	☐

At home, please go to the Français interactif website. Read the following grammar points in Tex's French Grammar and complete all Texercises which you will turn in to your instructor.

3.7 prepositions with places

à (to/in)	de (from)
Feminine country/state	
en France	de France
Masculine country/state	
au Canada	du Canada
Masculine w./ vowel	
en Iran	d' Iran
Plural country	
aux Etats-Unis	des Etats-Unis
City	
à Paris	de Paris
Island	
à Tahiti	de Tahiti

Chapitre 3

B. Qu'est-ce que vous aimez faire en vacances? Ecrivez quatre phrases pour décrire vos activités. Variez vos expressions.

> **Modèle:** J'aime aller au cinéma.

1. _____
2. _____
3. _____
4. _____

C. Qu'est-ce que vous **ne** faites **JAMAIS** en vacances?

> **Modèle:** Je ne fais jamais de voile.

1. _____
2. _____

D. Comparez vos activités avec un camarade. Ecoutez et prenez des notes.

Est-ce que votre camarade est plutôt montagne, plutôt plage ou plutôt ville? Ecrivez au moins (at least) 2 phrases pour justifier votre réponse.

> **Modèle:**
> X est plutôt montagne, parce qu'il adore faire du ski en hiver et il fait des randonnées en été. Il ne fait jamais de voile. Il n'aime pas la mer.

Devoirs pour demain: Est-ce que vous êtes d'accord avec la décision de votre partenaire? Ecrivez un paragraphe de 6 phrases (au moins 2 au négatif) pour décrire (to describe) vos activités.

> **Modèle:**
> Je suis d'accord avec X. / Je ne suis pas d'accord. (I agree with X./ I do not agree with X.)
> Je suis plutôt ville, parce que j'adore aller au théâtre...

Feminine states (European origin):
la Californie
la Caroline du Nord
la Floride...

Masculine states (Native American origin):
le Colorado
l'Iowa
le Texas...

exceptions:
au Nouveau Mexique
dans l'état de New York...

Exercice 31. Quelle ville?
Quelle ville (a-h) va avec chaque pays (#1-8)?

____ 1. On va en Italie... a. ...pour visiter Tokyo.
____ 2. On va en France... b. ...pour visiter Dakar.
____ 3. On va aux Etats-Unis... c. ...pour visiter Rome.
____ 4. On va en Algérie... d. ...pour visiter Alger.
____ 5. On va au Japon... e. ...pour visiter Montréal.
____ 6. On va en Angleterre... f. ...pour visiter Londres.
____ 7. On va au Sénégal g. ...pour visiter Paris.
____ 8. On va au Canada h. ...pour visiter New York

Exercice 32. Où est-ce que les étudiants vont?

Voici les villes et les provinces que les étudiants de UT vont visiter cet été. Donnez la préposition correcte pour chaque ville ou province.

Modèle: Ils vont en France.

Ils vont....

1. _____ Paris
2. _____ Lyon
3. _____ Texas
4. _____ Chamonix (une ville)
5. _____ Provence
6. _____ Avignon
7. _____ Bourgogne
8. _____ Etats-Unis

Exercice 33. Et vous?

Où est-ce que vous allez en vacances? Posez des questions à un partenaire pour comparer vos réponses.

Modèle:
Floride.   Est-ce que tu vas en Floride?
Oui, je vais (souvent) en Floride. ou Non, je ne vais jamais en Floride.

1. Mexique
2. France
3. Belgique
4. Californie
5. Colorado
6. Oregon
7. Louisiane
8. Italie
9. Japon
10. Iowa

Chapitre 3

Exercice 34. Grammaire interactive.

Look at the following sentences.

Le Prince William et Kate sont **de** Londres. Willie Nelson est **d'**Austin.

Jean-Paul Sartre est **de** France.   Johann Sebastian Bach est **d'**Allemagne.
Santa Anna est **du** Mexique.   Tex est **des** Etats-Unis.

What do the bolded prepositions in the sentences above mean?

Fill in the blanks.

To express provenance **from** a particular destination, …

the preposition **de** is used before nouns referring to _____ or _____

the preposition **du** is used before _____ nouns referring to _____

the preposition **des** is used before _____ nouns referring to _____

de becomes **d'** in front of a _____

Exercice 35. Il/elle est d'où?

Quel pays va avec chaque personne?

_____ 1. Oprah Winfrey est...   a. ...du Mexique.
_____ 2. Jacques Cousteau est...   b. d'Algérie.
                                      c. du Mississippi.
_____ 3. Albert Camus est...   d. du Canada.
_____ 4. Salvador Dali est...   e. d'Espagne.
_____ 5. Albert Einstein est...   f. de Londres.
_____ 6. Santa Anna est...   g. d'Allemagne.
_____ 7. Céline Dion est...   h. de France.
_____ 8. La reine Elizabeth est..

Exercice 36. Votre famille est d'où?

Posez les questions suivantes à un partenaire. Vos ancêtres sont d'où?

1. Tes parents sont d'où? _____

2. Tes grands-parents sont d'où? _____

3. Tes arrière-grands-parents sont d'où? _____

Exercice 37. La géographie: un petit quiz

Indiquez ces (these) fleuves, les montagnes, les villes, et les régions sur la carte:

Les fleuves	la Saône, le Rhône, la Seine, la Loire, la Garonne
Les villes	Paris, Lyon, Avignon
Les montagnes	le Jura, les Alpes, les Pyrénées, le Massif Central, les Vosges
Les régions	la Normandie, la Bretagne, le Beaujolais, l'Alsace, la Côte d'Azur, la Provence, la Vallée de la Loire, la Lorraine, l'Ile de France, la Bourgogne
Autres	la mer Méditerranée, la Manche, l'océan Atlantique, la Corse

Chapitre 3

Vocabulaire

- le visage
- les couleurs(f)
- le portrait physique
- le portrait moral (adjectifs)
- adjectifs qui précèdent le nom
- verbes pronominaux

Phonétique

- La consonne /R/

Grammaire

- **4.1** definite articles with physical characteristics
- **4.2** irregular adjectives
- **4.3** adjectives that precede the noun
- **4.4** c'est vs il/elle est
- **4.5** pronominal verbs
- **4.6** comparisons with adjectives

- testez-vous!, chapitre 04
- verb conjugation reference
- verb practice

Vidéos
Vocabulaire en contexte

- le visage
- les couleurs Audrey
- le portrait physique
- le portrait moral
- la routine

Interviews

- votre portrait
- votre célébrité favorite
- les stéréotypes

4 Les gens

In this chapter we will learn to describe people, their physical characteristics, and personalities. We will also talk about daily routines and stereotypes.

Vocabulaire

Préparation du vocabulaire

Be sure to download the pdf vocabulary preparation template from the FI website to complete Exercises B, E, and F.

! Your instructor will collect this homework

Chapitre 4

Le visage	**The face**
la tête	head
les cheveux (m)	hair
le front	forehead
les sourcils (m)	eyebrows
les yeux (m) / l'oeil	eyes
le nez	nose
les joues (f)	cheeks
les oreilles (f)	ears
la bouche	mouth
les dents (f)	teeth
le menton	chin
le cou	neck

Les couleurs (f)	**Colors**
blanc / blanche	white
bleu / bleue	blue
gris / grise	gray
jaune	yellow
marron (invariable)	brown
noir / noire	black
orange (invariable)	orange
rouge	red
vert / verte	green
violet / violette	purple

Le portrait physique	**Physical description**
Quelle est votre taille (f)?	What's your height?
Je fais 1 m. 60.	I'm one meter 60.
de taille moyenne	of medium height
Je suis de taille moyenne.	I am of medium height.
Combien pesez vous?	How much do you weigh?
Je fais 55 kilos.	I weigh 55 kilos.
maigre	thin, skinny
mince	thin, slender
De quelle couleur sont vos cheveux?	What color is your hair?
J'ai les cheveux blonds / bruns / châtains / roux.	I have blond / brown / light brown, chestnut / red hair.
Il est... Elle est...	He is... She is...
blond. blonde.	a blond.
brun. brune.	a brunette.
roux. rousse.	a red-head.
Comment est-il coiffé?	What is his hair like?
Il a les cheveux longs / courts / bouclés / raides.	He has long / short / curly / straight hair.
De quelle couleur sont vos yeux?	What color are your eyes?

J'ai les yeux marron.	I have brown eyes.
Quelle est la forme de son visage?	What's the shape of his face?
Il a le visage carré / long / rond.	He has a square / long / round face.
Il a le nez retroussé / pointu.	He has a snub / pointed nose.
Il a de grandes oreilles.	He has big ears.
Il/Elle a...	He/She has...
des lunettes (f)	glasses
une cicatrice	scar
un piercing	body piercing
un tatouage	tattoo

Le portrait moral (adjectifs) — **Psychological description**

actif / active	active
agréable	pleasant
ambitieux / ambitieuse	ambitious
amusant / amusante	funny
arrogant / arrogante	arrogant
calme	calm
compétitif / compétitive	competitive
créatif / créative	creative
curieux / curieuse	curious
débrouillard / débrouillarde	resourceful
désagréable	unpleasant
drôle	funny
égoïste	selfish
ennuyeux / ennuyeuse	boring
enthousiaste	enthusiastic
être de bonne humeur	to be in a good mood
être de mauvaise humeur	to be in a bad mood
fou / folle	crazy
franc / franche	frank
généreux / généreuse	generous
gentil / gentille	kind, nice
heureux / heureuse	happy
honnête	honest
hypocrite	hypocritical
idéaliste	idealistic
incapable	incapable, incompetent
indifférent / indifférente	indifferent
intelligent / intelligente	intelligent
intéressant / intéressante	interesting
malhonnête	dishonest
mignon / mignonne	cute
naïf / naïve	naive
nerveux / nerveuse	nervous
optimiste	optimistic

Vocabulaire

Chapitre 4

paresseux / paresseuse	lazy
patient / patiente	patient
pessimiste	pessimistic
prétentieux / prétentieuse	pretentious
réaliste	realistic
réservé / réservée	reserved
sensible	sensitive
sérieux / sérieuse	serious
sincère	sincere
sociable	sociable
sportif / sportive	athletic
têtu / têtue	stubborn
timide	shy, timid
tolérant / tolérante	tolerant
travailleur / travailleuse	hard-working

Adjectifs qui précèdent le nom — Adjectives which precede the noun

autre	other
beau / bel / belle	beautiful
bon / bonne	good
grand / grande	tall, big
gros / grosse	big, fat
jeune	young
joli / jolie	pretty
long / longue	long
mauvais / mauvaise	bad
nouveau / nouvel / nouvelle	new
petit / petite	little
vieux / vieil / vieille	old

Verbes pronominaux — Pronominal verbs

se réveiller	to wake up
se lever	to get up
se laver	to wash (oneself)
s'habiller	to dress (oneself)
se brosser les dents	to brush your teeth
se brosser les cheveux	to brush your hair
se maquiller	to put on make-up
se raser	to shave
se coucher	to go to bed
s'amuser	to have fun
s'ennuyer	to be bored
se dépêcher	to hurry
se promener	to take a walk
se reposer	to rest
se fâcher	to get angry

Phonétique

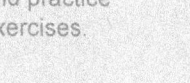

Go to the website for a complete explanation and practice exercises.

Chapitre 4

Introduction
Regardons la video ensemble pour répondre aux questions suivantes: Qui présente le chapitre? Où est-il/elle? Quels sont les thèmes du chapitre?

Exercice 1. La Jaconde (*Mona Lisa*)
Regardez l'image de la Jaconde avec un partenaire et décidez si les phrases suivantes sont vraies ou fausses.

	Vrai	Faux
1. Elle a le menton carré.	☐	☐
2. Elle a de grands yeux.	☐	☐
3. Elle a un long nez	☐	☐
4. Elle a les cheveux bouclés.	☐	☐
5. Elle a les joues rondes.	☐	☐

Caricatures reprinted with permission from www.magixl.com

Exercice 2. Grammaire interactive. La Jaconde.
A. Look at the following questions and underline the adjective in each one.

1. Elle a le menton carré
2. Elle a de grands yeux.
3. Elle a un long nez
4. Elle a les cheveux bouclés.
5. Elle a les joues rondes.

B. Circle the word in parentheses to complete the sentences below. After each statement, write the number(s) of the question above which exemplify the statement.

1. The **definite article** is used when the adjective is **(before / after)** the noun. _____
2. The **indefinite article** is used when the adjective is **(singular / plural)** and **(before / after)** the noun. _____
3. **De** is used when the adjective is **(singular / plural)** and **(before / after)** the noun. _____

Chapitre 4

At home, please go to the Français interactif website. Read the following grammar points in Tex's French Grammar and complete all Texercises which you will turn in to your instructor.

4.1 definite articles with physical characteristics

! The definite article (le, la, l', les) is often used with parts of the body instead of a possessive determiner (mon, ma, mes, etc.).

Tammy a <u>les</u> yeux brillants, <u>le</u> nez pointu ....

! An indefinite article (un, une, des) is used, however, if an adjective comes before the part of the body.

Tammy a <u>une</u> belle bouche et <u>de</u> petites oreilles!

! Rappel: If this adjective is plural, des changes to de (de is the correct form!)

Exercice 3. Les écrivains français.
Complétez les phrases suivantes.

1. Quel écrivain a de petits yeux?
   C'est_____
2. Quel écrivain a un grand front?
   C'est_____
3. Quel écrivain a le nez pointu?
   C'est_____
4. Quel écrivain a de grandes oreilles?
   C'est_____
5. Quel écrivain a le menton pointu?
   C'est_____

Albert Camus   Victor Hugo

Voltaire   Marcel Proust

Caricatures reprinted with permission from www.magik.com

Exercice 4. C'est qui?
A. Voici trois chanteuses françaises. Comment sont-elles coiffées?

1. Elle a les cheveux longs.
   C'est_____
2. Elle a les cheveux courts.
   C'est_____
3. Elle a les cheveux bouclés.
   C'est_____
4. Elle a les cheveux raides.
   C'est_____

Barbara   Dalida

Edith Piaf

Caricatures reprinted with permission from www.magik.com

B. Quelle est la forme des visages de ces artistes français?

1. Il a le visage rond.
   C'est_____

2. Il a le visage long.
   C'est_____

3. Il a le visage carré.
   C'est_____

Cezanne

Degas

Renoir

Caricatures reprinted with permission from www.magik.com

Exercice 5. Allez les Bleus!
Posez les questions suivantes à un partenaire.

**Kylian Mbappé,
meilleur jeune footballeur
de la
Coupe du Monde 2018**

**Équipe Paris Saint-Germain
Kylian Mbappé Lottin
Né le 20/12/1998
Taille : 1,78
Poids : 73 kg**

*Photo was published under CC BY 4.0 by Biser Todorov (Biso)
https://commons.wikmedia.org/wik/File:Kylian_Mbappe_2017.jpg*

Quel âge a-t-il?	Il a _____
Quelle est sa taille?	Il fait _____
Combien est-ce qu'il pèse?	Il pèse _____
De quelle couleur sont ses yeux?	Il a les yeux _____
De quelle couleur sont ses cheveux?	Il a les cheveux _____
Comment est-il coiffé?	Il a les cheveux _____
Quelle est la forme de son visage?	Il a le visage_____

Chapitre 4

Exercice 6. Le portrait physique

A. Dessinez un visage. Ecrivez 5 ou 6 bonnes phrases à propos du visage. Faites attention aux accords des adjectifs.

Modèle:
Vous écrivez   Voilà Tammy. Elle a de petits yeux noirs et un grand nez pointu. Elle a les cheveux raides et blonds...

votre dessin

_____
_____
_____
_____
_____
_____
_____

B. Travaillez avec un partenaire. Ne montrez pas votre dessin à votre partenaire. Lisez vos phrases à votre partenaire. Votre partenaire va dessiner le visage selon vos phrases. Comparez vos dessins pour vérifier vos descriptions.

le dessin de votre partenaire

Exercice 7. Karen

A. Trouvez la bonne réponse pour chaque question.

_____ 1. Quel âge as-tu?   a. J'ai les yeux marron.
_____ 2. Quelle est ta taille?   b. Je fais 1 m.60.
_____ 3. Combien est-ce que tu pèses?   c. J'ai les cheveux châtains.
_____ 4. De quelle couleur sont tes yeux?   d. Je fais 58 kilos.
_____ 5. Quelle est la forme de ton visage?   e. J'ai 20 ans.
_____ 6. De quelle couleur sont tes cheveux?   f. J'ai le visage rond.

Chapitre 4

B. Posez des questions à un partenaire pour compléter sa fiche signalétique!

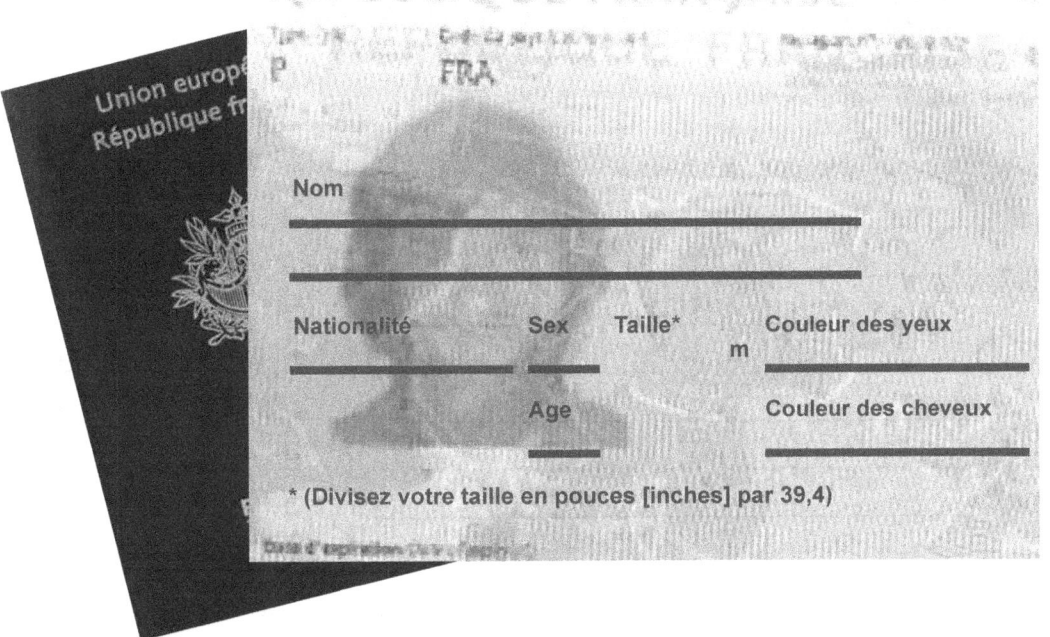

Nom _____

Nationalité _____ Sex _____ Taille* _____ m   Couleur des yeux _____

Age _____   Couleur des cheveux _____

* (Divisez votre taille en pouces [inches] par 39,4)

At home, please go to the Français interactif website. Read the following grammar points in Tex's French Grammar and complete all Tex-ercises which you will turn in to your instructor.

4.2 irregular adjectives

Masc.	Fem.
faux	fausse
favori	favorite
long	longue

-il	-ille
-on	-onne
-s	-sse
-en	-enne
-eux	-euse
-eur	-euse
-f	-ve
-c	-che
-ou	-olle

! Add –s to make adjectives plural except
• un tatou curieux
• des tatous curieux
• un tatou international
• des tatous internationaux

Some adjectives have only one form regardless of number and gender
• Elle a les yeux marron

Exercice 8. Ils sont comment?
Choisissez l'adjectif convenable pour chaque personnage.

Charles de Gaulle   Marie Curie   Jacques Cousteau   Jean-Paul Sartre

1. Charles de Gaulle est.... ...franc / hypocrite.
2. Marie Curie est.............. ...incapable / travailleuse.
3. Napoléon est................. ...prétentieux / modeste.
4. Marie Antoinette est....... ...naïve / débrouillarde.
5. Jacques Cousteau est... ...indifférent / curieux.
6. Brigitte Bardot est........... ...idéaliste / folle.
7. Albert Camus est........... ...pessimiste / optimiste.
8. Jean-Paul Sartre est...... ...drôle / sérieux.

Caricatures reprinted with permission from www.magik.com

Chapitre 4

Exercice 9. Jimmy ou Ellen?
Écoutez les adjectifs suivants. Est-ce que l'adjectif décrit Jimmy Fallon (forme masculine) ou Ellen Degeneres (forme feminine) ou est-ce que c'est impossible à distinguer?

	Jimmy	Ellen	impossible à distinguer
Modèle: Vous entendez **généreuse**	☐	√	☐
1. _____	☐	☐	☐
2. _____	☐	☐	☐
3. _____	☐	☐	☐
4. _____	☐	☐	☐
5. _____	☐	☐	☐
6. _____	☐	☐	☐
7. _____	☐	☐	☐
8. _____	☐	☐	☐

Caricatures reprinted with permission from www.magik.com

Exercice 10. Quelle est votre réaction?
Lisez les phrases suivantes qui décrivent Tex et ses amis. Lisez chaque phrase avec un partenaire. Est-ce que chaque phrase vous décrit ou pas? Cochez la colonne appropriée.

	MOI		MON PARTENAIRE	
	moi aussi!	pas moi!	lui / elle aussi	pas lui / elle!
1. Tammy a le nez pointu.				
2. Tex est souvent têtu.				
3. Rita a des amis sérieux et débrouillards.				
4. Tammy est optimiste.				
5. Tammy a les cheveux bouclés.				
6. Joe-Bob a un colocataire paresseux.				
7. Tammy a des parents tolérants et généreux.				
8. Corey est franc.				
9. Tammy est enthousiaste en classe.				
10. Bette déteste les professeurs indifférents.				

Exercice 11. Le monde de Tex
Décrivez le portrait physique et moral d'un des animaux de Tex's French Grammar

1. En classe, en groupes de trois, vous allez lire votre description et vos camarades vont deviner l'animal que vous décrivez

> **Modèle:** Cet animal a un grand nez pointu, de petits yeux et une grande bouche. Cet animal est débrouillard mais paresseux, intelligent et honnête. Qui est-ce? (C'est Tex.)!

2. Etes-vous d'accord avec la description de votre camarade? Pourquoi ou pour pas?

> Nous sommes d'accord parce que Tex a un grand nez pointu et de petits yeux. Il est très débrouillard et intelligent, mais nous ne sommes pas d'accord parce que Tex n'est pas honnête. Il est quelquefois un peu malhonnête.

Exercice 12. L'Amour, l'amour, toujours l'amour
A. Regardez les adjectifs suivants. Décidez si les adjectifs décrivent le copain de rêve / la copine de rêve ou le copain horrible / la copine horrible. Rapportez votre décision à la classe.

	le copain la copine ...de rêve	le copain la copine ...horrible
1. amusant(e)	☐	☐
2. difficile	☐	☐
3. sérieux(se)	☐	☐
4. intelligent(e)	☐	☐
5. pessimiste	☐	☐
6. sympathique	☐	☐
7. franç is(e)	☐	☐

Chapitre 4

B. Ajoutez encore 2 adjectifs qui correspondent au copain / à la copine de rêve et au copain / à la copine horrible:

Le copain / la copine de rêve est _____ et _____.

Le copain / la copine horrible est _____ et _____.

C. Ecrivez 2 phrases: une phrase qui décrit le copain / la copine de rêve et l'autre phrase qui décrit le copain / la copine horrible.

Modèle:
Le copain de rêve est amusant, sympathique et intelligent....
Le copain horrible est..

D. Rapportez vos phrases à la classe. Est-ce que tout le monde est d'accord?

E. **Devoirs.** Décrivez votre copain / copine de rêve dans un paragraphe de 6 phrases.

Modèle:
Le copain de rêve est amusant, sympathique et très intelligent.

Exercice 13. C'est qui?
Avec un partenaire nommez

1. un acteur amusant: _____ / un bon acteur: _____
2. une actrice agréable: _____ / une mauvaise actrice: _____
3. un vieil homme: _____ / un nouvel acteur: _____
4. une chanteuse réservée: _____ / une jeune chanteuse: _____
5. une femme ennuyeuse: _____ / une belle femme: _____
6. un film intéressant: _____ / un beau film: _____
7. un grand pays: _____ / un petit pays: _____
8. une voiture française: _____ / une grosse voiture: _____

Chapitre 4

Exercice 14. Grammaire interactive. Les adjectifs.

In the following table, indicate whether each adjective refers to beauty, age, a number, goodness, size or none of these.

	Beauty	Age	Number	Goodness	Size	Other
un **grand** pays	☐	☐	☐	☐	√	☐
un acteur **amusant**	☐	☐	☐	☐	☐	√
un **vieil** homme	☐	☐	☐	☐	☐	☐
une femme **ennuyeuse**	☐	☐	☐	☐	☐	☐
un **bon** acteur	☐	☐	☐	☐	☐	☐
une **grosse** voiture	☐	☐	☐	☐	☐	☐
un film **intéressant**	☐	☐	☐	☐	☐	☐
une **belle** femme	☐	☐	☐	☐	☐	☐
un **premier** homme sur la lune	☐	☐	☐	☐	☐	☐
Une actrice **réservée**	☐	☐	☐	☐	☐	☐

What can you say about the placement of all the adjectives that refer to beauty, age, number, goodness or size (BANGS)?

Exercice 15. C'est quoi? / C'est qui?

Identifiez les endroits et les personnes suivants. Utilisez c'est ou ce sont avec l'adjectif entre les parenthèses. Faites attention à la forme et la position des adjectifs dans vos phrases.

Modèle:
La Loire et le Rhône (fleuve / long) Ce sont de longs fleuves.

1. Paris (ville/grand):

2. Marion Cotillard et Isabelle Adjani (actrices/beau):

3. François Mitterrand et Jacques Chirac (presidents/français):

4. Astérix et Tintin (héros/débrouillard):

5. Le Petit Prince (livre/bon):

6. Notre Dame (cathédrale/vieux):

7. Jean-Paul Sartre et Simone de Beauvoir (écrivains/intelligent):

8. Edith Piaf (chanteuse/généreux):

9. Jean Dujardin et Jean Reno (acteurs/créatif):

10. Edouard Manet et Claude Monet (peintres/impressioniste):

Chapitre 4

At home, please go to the Français interactif website. Read the following grammar points in Tex's French Grammar and complete all Texercises which you will turn in to your instructor.

4.3 adjectives that precede the noun

! Remember that adjectives in French are normally placed after the noun:

un tatou intelligent

The following adjectives are exceptions and usually precede the noun.
To remember them, think of the mnemonic 'BANGS' (Beauty, Age, Numbers, Goodness & Size)

autre
beau (bel, belle)
bon (bonne)
grand (grande)
gros (grosse)
jeune
joli (jolie)
mauvais (mauvaise)
nouveau (nouvel, nouvelle)
petit (petite)
vieux (vieil, vieille)

ordinal numbers: premier (première), deuxième, troisième, etc.

 **Exercice 16. C'est toi, Tex!**
Donnez la forme correcte de l'adjectif entre parenthèses.

Tex et Tammy regardent le _____ album de famille de Rita. (new)

Tammy: Qui est cette _____ femme? (beautiful)
Rita: C'est notre mère.
Tammy: Et qui sont ces _____ personnes? (other)
Rita: Le _____ homme, c'est Paw-Paw Louis. Et puis, à côté, c'est moi. (old)
Tammy: Et ce _____ bébé, qui est-ce? (little) Comme il est laid!
Rita: C'est toi, Tex. C'est la _____ photo de toi. (first)

 **Exercice 17. Qui est-ce?**
Avec un partenaire nommez

1. C'est une femme. Elle est anglaise. Elle est brune et mince. C'est la femme de Prince William. Qui est-ce? C'est _____

2. C'est un garçon. Il est amusant et débrouillard. Il n'est pas discipliné. C'est un personnage de la télévision. Son père s'appelle Homer. Qui est-ce? C'est _____

3. C'est une femme. C'est une chanteuse canadienne. Elle a les cheveux châtains. Elle est riche et célèbre. Qui est-ce? C'est _____

4. C'est un homme. C'est un joueur de tennis. Il est suisse. Il a les cheveux châtains et les yeux marron. Qui est-ce? C'est _____

 **Exercice 18. Grammaire interactive.**
How would you translate?

C'est un garcon. _____
Il est amusant . _____

Chapitre 4

How is "he is" translated in French?
Look at Exercice 17 and decide for each phrase if c'est or il/elle est was used.

	C'est	Il /elle est
1. un garçon	√	☐
2. amusant	☐	√
3. une chanteuse canadienne	☐	☐
4. riche et célèbre	☐	☐
5. de Californie	☐	☐

What part of speech (noun, verb, preposition, adjective, etc.) is **de**?
What part of speech is **riche**, **célèbre**?

Fill in the blanks with c'est or il/elle est:

Before a noun (with an article), we use _____

Before an adjective, we use _____

Before a preposition, we use _____

At home, please go to the Français interactif website. Read the following grammar points in Tex's French Grammar and complete all Texercises which you will turn in to your instructor.

4.4 c'est vs il/elle est
     C'est/Ce sont

+ *noun*	Tex et Tammy? Ce sont des tatous.
+ *proper noun*	Qui est-ce? C'est Bette.
+ *disjunct. pronoun*	C'est moi!
+ *dates*	C'est le quatorze juillet.
+ *infinitive*	Vivre, c'est parler français!
+ *adj. for non-specific referents*	C'est formidable! C'est bien!

Il/Elle est...
Ils/Elles sont

+ *adjective alone*	Tex? Il est arrogant!
+ *nationality occupation religion*	Il est... poète. américain.

 **Exercice 19. Une célébrité**
Est-ce que vous connaissez bien les célébrités internationales? Pensez à deux personnes et décrivez les en complétant les phrases suivantes.

Van Gogh   Sigmund Freud
            (autrichien)

Par exemple: Sigmund Freud, Bill Gates, Albert Einstein, Céline Dion, Claude Monet, etc.

1. C'est un(e)_____(profession).
   Il/elle est _____(nationalité).
   Il/elle est _____ et _____(deux adjectifs).
2. C'est un(e)_____(profession).
   Il/elle est _____(nationalité).
   Il/elle est _____ et _____ (deux adjectifs).

Caricatures reprinted with permission from www.magik.com

Chapitre 4

Exercice 20. C'est qui?

Complétez les phrases suivantes avec c'est, il/elle est, ce sont, ou ils/elles sont et devinez (guess) qui sont ces personnes.

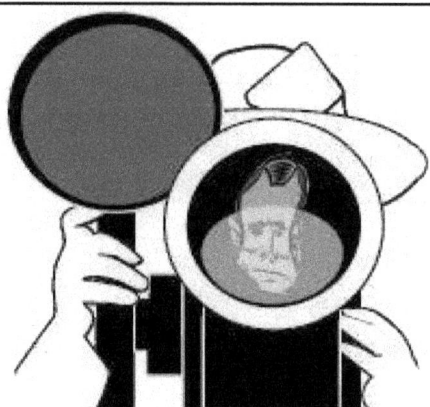

1. _____ un homme.
   _____ de taille moyenne.
   _____ français.
   _____ prétentieux et ambitieux.
   _____ franc.
   _____ le président de la République française.

2. _____ une femme.
   _____ brune et jolie.
   _____ actrice.
   _____ une bonne actrice.
   _____ française.
   _____ dans les films Amélie, Da Vinci Code, et Priceless.

Exercice 21. C'est vs il/elle est

Complétez les phrases suivantes avec c'est, il/elle est, ce sont, ou ils/elles sont.

1. UT, _____ une grande université.
2. Fiona, _____ une fourmi intelligente. _____ sincère et gentille.
3. Bette et Tammy, _____ des Américaines.
4. Edouard, _____ un serveur (waiter). _____ prétentieux et snob.
5. Joe-Bob et Edouard, _____ les amis de Tex.
6. _____ amusants, mais un peu bizarres.

Exercice 22. Quel verbe?

Quels verbes pronominaux associez vous avec...

1. les vacances _____
2. le matin _____
3. le soir _____
4. les amis _____
5. le stress _____

Exercice 23. Logique ou illogique?

	logique	illogique
1. Les étudiants paresseux se réveillent tôt le matin.	☐	☐
2. Les dentistes se brossent les dents une fois par semaine.	☐	☐
3. Les sportifs se promènent tous les jours.	☐	☐
4. Les petits enfants se couchent à 8 heures du soir.	☐	☐
5. Les étudiants s'amusent en classe.	☐	☐

Exercice 24. La journée typique de votre prof...

A. Avec un partenaire, regardez les phrases suivantes et devinez l'ordre chronologique des habitudes de votre prof (#1-8).
B. Ensuite écoutez le récit de votre professeur et comparez

_____ a. Je vais à l'université.

_____ b. Je me lève en général à 7 heures et demie.

_____ c. Je m'habille lentement.

_____ d. Je me réveille avec difficulté.

_____ e. Je me lave.

_____ f. Je ne me couche jamais avant minuit.

_____ g. Je me brosse les dents avec soin (with care).

_____ h. Je me coiffe en 2 minutes.

C. Et vous? Comparez ces phrases avec un partenaire. Quelles phrases sont vraies pour vous? Pourquoi ou pourquoi pas?

At home, please go to the Franç is interactif website. Read the following grammar points in Tex's French Grammar and complete all Texercises which you will turn in to your instructor.

4.5 verbes pronominaux

se raser
'to shave oneself'

je	me rase
tu	te rases
il / elle / on	se rase
nous	nous rasons
vous	vous rasez
ils / elles	se rasent

Exercice 25. Vos habitudes?
Est-ce que vous avez une bonne hygiène? Assez bonne? Pas bonne? Posez les questions suivantes à votre partenaire.

		oui	non
1.	Tu te laves toujours les mains avant de manger?	☐	☐
2.	Tu te laves les cheveux tous les jours?	☐	☐
3.	Tu te brosses les dents après chaque repas?	☐	☐
4.	Tu te brosses les cheveux trois ou quatre fois pendant la journée?	☐	☐
5.	Tu te maquilles ou tu te rases tous les jours?	☐	☐

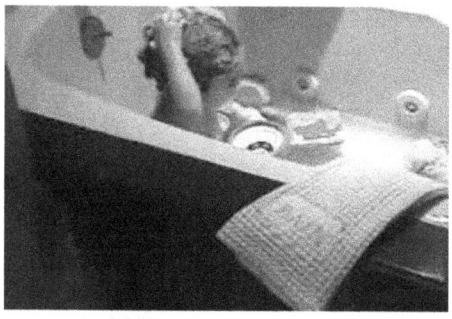

Exercice 26. Votre journée
Décrivez votre journée typique. Ecrivez au moins 10 phrases. Utilisez au moins 5 verbes pronominaux, mais variez vos verbes.

Exercice 27. Les amoureux
Regardez l'image et cochez la phrase qui est vraie.

1.	Ils se disputent.	☐	Ils ne se disputent pas.	☐
2.	Ils se fâchent.	☐	Ils ne se fâchent pas.	☐
3.	Ils s'amusent.	☐	Ils ne s'amusent pas.	☐
4.	Ils s'embrassent.	☐	Ils ne s'embrassent pas.	☐
5.	Ils se parlent.	☐	Ils ne se parlent pas.	☐
6.	Ils se regardent.	☐	Ils ne se regardent pas.	☐
7.	Ils se marient.	☐	Ils ne se marient pas.	☐

Chapitre 4

Exercice 28. Tes habitudes.
Posez ces questions à vos camarades.

1. Est-ce que tu t'amuses en classe? _____ .
2. Est-ce que tu te disputes souvent avec tes copains? _____ .
3. Est-ce que tu t'ennuies pendant les vacances? _____ .
4. Est-ce que tu te reposes le week end? _____ .
5. Est-ce que tu te couches toujours avant minuit? _____ .

> Parlez uniquement en français! Si la réponse est "OUI", demandez la signature de cette personne. Changez de camarade pour chaque question. Ecoutez attentivement les questions qu'on vous pose. Ne répondez pas à des questions incomplètes.

Exercice 29. Vous êtes perfectionniste ou fumiste?
A. Avec un partenaire, décidez si les activités suivantes caractérisent quelqu'un qui est perfectionniste ou fumiste.

 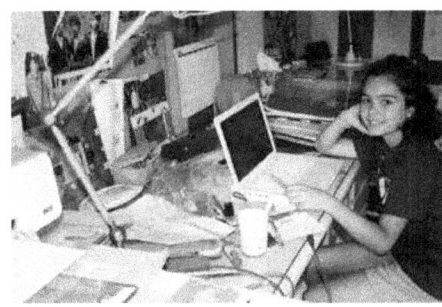

	Perfectionniste	Fumiste
1. Il/Elle s'amuse tout le temps avec des amis.	☐	☐
2. Il/Elle se dépêche tout le temps.	☐	☐
3. Il/Elle se réveille à six heures du matin.	☐	☐
4. Il/Elle se lève à midi.	☐	☐
5. Il/Elle écoute de la musique quand il/elle fait des devoirs.	☐	☐
6. Il/Elle ne s'ennuie pas dans un cours de finance.	☐	☐
7. Il/Elle étudie tout le temps.	☐	☐
8. Il/Elle se couche à quatre heures du matin parce que les bars sont fermés (closed).	☐	☐
9. Il/Elle ne se repose jamais!	☐	☐
10. Il/Elle se couche à quatre heures du matin parce qu' il/elle fait des devoirs "extra-credit".	☐	☐

> *Perfectionniste*
> Quelqu'un qui est travailleur et ambitieux, très actif et sérieux, assez compétitif.
>
> *Fumiste*
> Quelqu'un qui est sociable, amusant, pas très sérieux et quelquefois un peu paresseux

B. Avec votre partenaire, ajoutez quatre activités qui caractérisent les gens qui sont perfectionniste ou fumiste. Utilisez au moins deux verbes pronominaux. Donnez deux activités pour chaque type de personnalité.

	perfectionniste	fumiste
Modèle: Il/Elle se fâche rarement.	☐	√
1. _____	☐	☐
2. _____	☐	☐
3. _____	☐	☐
4. _____	☐	☐

C. Décidez si votre partenaire est plutôt perfectionniste ou fumiste. Pour chaque activité, posez une question en phrase complète.

Modèle:
Tu t'amuses tout le temps avec tes amis?

Devoirs:
Votre partenaire a quel type de personalité? Pourquoi?

Modèle:
Mon partenaire est perfectionniste parce qu'il se réveille à six heures du matin, il se dépêche tout le temps....

Selon (according to) votre partenaire, est-ce que vous êtes plutôt perfectionniste ou fumiste? Etes-vous d'accord? Pourquoi? Pourquoi pas?
Dans un autre paragraphe, indiquez si vous êtes d'accord avec votre partenaire, et expliquez pourquoi.

Modèle:
Je suis d'accord avec mon partenaire. Je suis plutôt fumiste, parce que je ne me réveille jamais à six heures du matin...

Chapitre 4

Exercice 30. Vrai ou faux?
Avec un partenaire, décidez si les phrases suivantes sont vraies ou fausses.

		vrai	faux
1.	Tony Parker est plus grand que Brad Pitt.	❏	❏
2.	Johnny Depp est plus beau que George Clooney.	❏	❏
3.	Nelson Mandela est moins tolérant que Rush Limbaugh.	❏	❏
4.	Albert Einstein est aussi intelligent que Marie Curie.	❏	❏
5.	LeBron James est plus sportif que Novak Djokovic.	❏	❏
6.	Oprah est aussi ambitieuse que Jimmy Fallon.	❏	❏
7.	Jimmy Kimmel est plus amusant que Stephen Colbert.	❏	❏
8.	Venus Williams est aussi travailleuse que Serena Williams.	❏	❏

Exercice 31. Et vous?
A. Complétez les phrases suivantes avec les célébrités de votre choix.

1. _____ est un bon acteur, mais _____ est meilleur.
2. _____ est une mauvaise chanteuse, mais _____ est pire.
3. _____ est une bonne actrice, mais _____ meilleure.
4. _____ est un mauvais journaliste, mais _____ est pire.
5. _____ et _____ sont de bon(ne)s étudiant(e)s, mais _____ sont meilleur(e)s.

B. Et vous? Comparez vos phrases avec un partenaire. Est-ce que vous êtes d'accord?

Chapitre 4

At home, please go to the Français interactif website. Read the following grammar points in Tex's French Grammar and complete all Texercises which you will turn in to your instructor.

4.6 comparisons with adjectives

Plus ... que	more... than
Moins ... que	less than
Aussi ... que	as ... as

Exercice 32. Et vous?
A. Complétez les phrases suivantes.

Modèle:
Je suis aussi intelligent que Johnny Depp!

1. Je suis aussi _____ que ...
2. Je suis moins _____ que...
3. Mais je suis plus _____ que..

B. Comparez vos descriptions avec les autres étudiants dans la classe.

Exercice 33. Quelques comparaisons.
Comparez les choses et les personnes suivantes. Utilisez plus que, moins que, et aussi que.

Modèle:
le sport / la musqique   La musique est plus agréable que le sport.

1. la télévision / l'internet (intéressant)
2. la ville / la campagne (calme)
3. les chats / les chiens (affectueux)
4. les hommes / les femmes (travailleur)
5. Et vous? Ecrivez une phrase avec une bonne comparaison.

Exercice 34. A votre avis.
Avec un partenaire, complétez les phrases suivantes.

1. _____ sont aussi patients que les parents.
2. _____ sont plus débrouillards que les enfants.
3. _____ sont moins indépendants que les chats.

5 Bon appétit!

In this chapter we will talk about French food, what the French like to eat, where they buy it, and how to prepare typical French dishes.

Vocabulaire
- à table
- au marché, au supermarché
- à la boucherie
- à la charcuterie
- à la poissonnerie
- à l'épicerie
- à la boulangerie-pâtisserie
- au café
- au restaurant
- des plats typiquement français
- expressions de quantité
- adjectifs
- verbes

Phonétique
- les syllables

Grammaire
- 5.1 partitive articles
- 5.2 expressions of quantity
- 5.3 -ir verbs (regular)
- 5.4 -re verbs (irregular)
- 5.5 boire, croire, voir
- 5.6 interrogative words: où, quand, comment ...
- 5.7 questions with subject/verb inversion

- testez-vous!, chapitre 05
- verb conjugation reference
- verb practice

Vidéos
Vocabulaire en contexte
- au marché, les fruits
- au marché, les légumes
- une poissonnerie
- une épicerie
- une boulangerie-pâtisserie
- au restaurant, en entrée
- au restaurant, en plat principal
- au restaurant, en dessert

Interviews
- les repas
- la cuisine
- la cuisine française

Vocabulaire

Préparation du vocabulaire

Be sure to download the pdf vocabulary preparation template from the FI website to complete Exercises B, E, and F.

! Your instructor will collect this homework.

! Note: These can be used as expressions of quantity by adding 'de'; un verre de = a glass of

Chapitre 5

A table / At the table

un verre	glass
une tasse	cup
un bol	bowl
une assiette	plate
un couteau	knife
une fourchette	fork
une cuillère	spoon
la cuisine	kitchen, cooking
un repas	meal
le petit déjeuner	breakfast
le déjeuner	lunch
le goûter	snack
le dîner	dinner, supper

Au marché / Au supermarché / At the market / At the supermarket

des fruits (m) / fruits

des bananes (f)	bananas
des cerises (f)	cherries
des citrons (m)	lemons
des fraises (f)	strawberries
des framboises (f)	raspberries
des oranges (f)	oranges
des pamplemousses (m)	grapefruit
des pêches (f)	peaches
des poires (f)	pears
des pommes (f)	apples
du raisin	grapes

des légumes (m) / vegetables

de l'ail (m)	garlic
des asperges (f)	asparagus
des aubergines (f)	eggplants
des carottes (f)	carrots
des champignons (m)	mushrooms
des choux (m)	cabbage
des concombres (m)	cucumbers
des courgettes (f)	zucchini
des épinards (m)	spinach
des haricots verts (m)	green beans
une/de la laitue	lettuce
des oignons (m)	onions
des petits pois (m)	peas
des poireaux (m)	leeks
des poivrons verts (m)	green peppers
des pommes de terre (f)	potatoes

Vocabulaire

de la salade — salad, lettuce
des tomates (f) — tomatoes

A la boucherie — At the butcher shop
Chez le boucher, on achète... — At the butcher's, you buy...
- de la viande — meat
- du boeuf — beef
- du porc — pork
- du veau — veal
- du canard — duck
- de la dinde — turkey
- du poulet — chicken

A la charcuterie — At the pork butcher shop/delicatessen
Chez le charcutier, on achète... — At the pork butcher's, you buy...
- du jambon — ham
- du pâté — pâté
- des saucisses (f) — sausages
- du saucisson — hard sausage (salami)

A la poissonnerie — At the seafood shop
Chez le poissonnier, on achète... — At the fish merchant's, you buy...
- du poisson — fish
- du saumon — salmon
- de la sole — sole
- du thon — tuna

A l'épicerie — At the grocery store
Chez l'épicier, on trouve... — At the grocer's, you find...
- des céréales (m) — cereal
- un oeuf, des oeufs — eggs
- des noix (f) — walnuts

- des produits laitiers (m) — dairy products
  - du beurre — butter
  - du lait — milk
  - du fromage — cheese
  - du yaourt — yogurt
  - de la glace — ice cream

- des épices (f) — spices
  - du sel — salt
  - du poivre — pepper

Vocabulaire

Chapitre 5

de l'huile (f)	oil
du vinaigre	vinegar
de la mayonnaise	mayonnaise
de la moutarde	mustard

A la boulangerie-pâtisserie — **At the bakery-pastry shop**

Chez le boulanger, on trouve... — At the baker's, you find...
- du pain — bread
- une baguette — baguette
- une brioche — brioche
- un croissant — croissant
- un petit pain — roll

Chez le pâtissier, on trouve... — At the pastry chef's, you find...
- des pâtisseries (f) — pastries
- un gâteau — cake
    - un gâteau au chocolat — chocolate cake
- une tarte — tart
    - une tarte aux pommes — apple tart
    - une tarte au citron — lemon tart
    - une tarte à la fraise — strawberry tart

Au café — **At the café**

Au café, on commande... — At the café, you order...
- des boissons non-alcoolisées (f) — non-alcoholic beverages
    - du café — coffee
    - du thé (chaud, glacé) — tea (hot, iced)
    - du coca-cola — cola
    - de l'eau (f) — water
    - de l'eau minérale — mineral water
    - du jus de fruit — fruit juice

- des boissons alcoolisées (f) — alcoholic beverages
    - de la bière — beer
    - du champagne — champagne
    - du vin — wine
    - du vin blanc (du blanc) — white wine
    - du vin rosé (du rosé) — rosé wine
    - du vin rouge (du rouge) — red wine

un sandwich jambon beurre	sandwich with ham and butter
un croque-monsieur	toasted cheese sandwich with ham
un croque-madame	croque-monsieur with a fried egg
une quiche (lorraine, au saumon, etc.)	quiche (lorraine, salmon, etc.)
une omelette (aux fines herbes, au fromage)	omelette (with herbs, cheese)

Vocabulaire

Au restaurant
Au restaurant, on commande...
   un apéritif
   une entrée
   un plat principal
   un dessert
   une boisson

Des plats typiquement français
  Des entrées
  des crudités (f)
  une salade (avec des lardons, des noix, etc.)
  de la soupe à l'oignon

  Des plats principaux
  du boeuf bourguignon
  du coq au vin
  un steak frites

  Des desserts
  de la mousse au chocolat
  de la crème caramel
  de la crème brûlée
  du fondant au chocolat

Expressions de quantité
un peu de
assez de
beaucoup de
trop de

une cuillère de
une bouteille de
un pichet de
un litre de
50 grammes de
un kilo de
un morceau de
une tranche de
une boîte de
un rôti de boeuf
une côtelette de porc
une douzaine d'oeufs

At the restaurant
At the restaurant, you order...
   before dinner drink
   appetizer / first course
   main course
   dessert
   drink beverage

Typical French dishes
  appetizers
  raw vegetables plus vinaigrette
  salad (with bacon, nuts, etc.)

  onion soup

  main courses
  beef stewed in red wine
  chicken (rooster) stewed in red wine
  steak and French fries

  desserts
  chocolate mousse
  caramel custard
  crème brûlée
  rich chocolate flourless cake

Expressions of quantity
a little
enough
a lot
too much (too many)

a spoonful of
a bottle of
a pitcher of
a liter of
50 grams of
a kilo of
a piece of
a slice of
a can of
a beef roast
a pork chop
a dozen eggs

Vocabulaire

Chapitre 5

Adjectifs	**Adjectives**
délicieux / délicieuse	delicious
frais / fraîche	fresh
épicé(e)	spicy
grillé(e)	grilled
hâché(e)	chopped
salé(e)	salty
sucré(e)	sweet

Verbes	**Verbs**
avoir faim / avoir soif	to be hungry / to be thirsty
boire	to drink
déjeuner	to have lunch
dîner	to have dinner
faire le marché	to go grocery shopping
faire la cuisine	to cook
prendre un repas	to have a meal
faire la vaisselle	to do the dishes
grossir	to gain weight
faire un régime	to be on a diet
maigrir	to lose weight
choisir	to choose
finir	to finish
grandir	to grow up
obéir à	to obey
réfléchir à	to reflect (on)
réussir à	to succeed
croire	to believe
prendre	to take
apprendre	to learn
(apprendre à quelqu'un)	(to teach someone)
comprendre	to understand
surprendre	to surprise

Phonétique

Go to the website for a complete explanation and practice exercises.

Chapitre 5

Introduction
Regardons la video ensemble pour répondre aux questions suivantes: Qui présente le chapitre? Où est-il/elle? Quels sont les thèmes du chapitre?

> **Rappel:** Use a definite article (le, la, les) with verbs of preference.

 **Exercice 1. Quels sont vos goûts (tastes)?**
A. Complétez les phrases suivantes.

1. Comme légume, j'aime _____ et je déteste _____
2. Comme fruit, j'aime _____ et je déteste _____
3. Comme viande, j'aime _____ et je déteste _____
4. Comme poisson, j'aime _____ et je déteste _____
5. Comme charcuterie, j'aime _____ et je déteste _____
6. Comme boisson, j'aime _____ et je déteste _____

B. Ensuite, en classe, vous allez comparer vos goûts avec les goûts d'un partenaire. Ecoutez ses phrases et puis, complétez les phrases suivantes.

1. Comme légume, il/elle aime _____ et il/elle déteste _____
2. Comme fruit, il/elle aime _____ et il/elle déteste _____
3. Comme viande, il/elle aime _____ et il/elle déteste _____
4. Comme poisson, il/elle aime _____ et il/elle déteste _____
5. Comme charcuterie, il/elle aime _____ et il/elle déteste _____
6. Comme boisson, il/elle aime _____ et il/elle déteste _____

C. Est-ce que vous avez les mêmes goûts que votre partenaire? Pourquoi ou pourquoi pas?

Modèle:
J'adore les escargots mais mon partenaire préfère la truite.

Chapitre 5

Dictogloss 1. Faire une omelette.
Formez des groupes de 3 ou 4 personnes. Ecoutez le texte lu par votre professeur.
Complétez les phrases suivantes et donnez le plus de détails possibles.

Aujourd'hui nous allons preparer une omelette au jambon et aux champignons.

Dans une omelette au jambon, il y a _____ , _____ ,

_____ , _____

et _____ .

Casser _____ et mélanger. J'adore _____ !

Découper _____ et verser les morceaux de _____ dans le bol.

Ajouter _____ .

Verser _____ dans le bol. Pas trop!

Verser une _____ d' _____ dans la poêle,

Verser les morceaux de _____ dans la poêle.

C'est prêt! Hmmm c'est délicieux!

Exercice 2. Grammaire interactive. La recette.

How do you translate the following sentence into English?

Il y a **des** oeufs, **du** jambon, **des** champignons **du** fromage, **de la** crème et **de l'**huile.

When you translated the sentence above, did you use articles before the nouns?
- **du**, **de la**, **de l'** are called partitive articles.

The partitive article _____ is used before a noun starting with a vowel or a mute "h".

The partitive article _____ is used before a masculine noun starting with a consonant.

The partitive article _____ is used before a feminine noun starting with a consonant.

Countable vs Uncountable

Countable *nouns refer to items that can be counted:*
- She eats an apple every day.
  Elle mange une pomme chaque jour.

Uncountable nouns refer to items that cannot be counted:
- She's eating bread.
  Elle mange du pain.
- Do you have some water?
  Tu as de l'eau?

Some nouns can be either **countable or uncountable**
- We'll have some coffee, please.
  On va prendre du café, s'il vous plaît.
- We'll have two coffees, please.
  On va prendre deux cafés, s'il vous plaît.

Can you think of a context for the two last sentences?

For each of the following items decide if they are countable or uncountable

	countable	uncountable
1. oeufs	☐	☐
2. jambon	☐	☐
3. champignons	☐	☐
4. fromage	☐	☐
5. crème	☐	☐
6. huile	☐	☐

Look at the following sentence
Il y a **des** oeufs, **du** jambon, **des** champignons **du** fromage, **de la** crème et **de l'**huile.

Countable or uncountable? Fill in the blank

The partitive article **du – de la – de l'** is used with _____ nouns.

Definite article vs partitive

The definite article designates something in its totality, or as a whole:
- Bread is good.
  Le pain est bon.
- I love apples!
  J'adore les pommes.

The partitive article designates a part of the whole.
- She's eating bread.
  Elle mange du pain.
- She's eating apples.
  Elle mange des pommes.

Look at the following sentences and decide whether they refer to something as a whole or a part of the whole.

1. Il y a des oeufs.
2. Il y a du jambon.
3. Je déteste le lait.
4. J'adore les oeufs!
5. Elle mange de la salade.

Chapitre 5

NOTE CULTURELLE

Le petit-déjeuner

D'habitude au petit-déjeuner on prend un croissant (ou du pain avec du beurre et de la confiture) avec du café au lait ou du chocolat chaud. Les Français ne mangent jamais d'oeufs ou de jambon le matin. On boit aussi du jus de fruit. Certains gens préfèrent les céréales.

En général, les Français aiment les repas structurés, en famille ou avec des amis, qui durent assez longtemps. Il n'est pas rare de passer trois ou quatre heures à table le dimanche après-midi. Pour manger correctement, il est nécessaire de prendre son temps et de diversifier sa nourriture.

Le repas de midi

Le repas de midi est traditionnellement le repas le plus important de la journée. Souvent, les magasins, les banques, et les bureaux de poste sont fermés entre midi et deux heures. A quatorze heures, les restaurants ferment et le service recommence vers vingt heures. D'habitude, les Français ne prennent pas le dîner avant vingt heures.

Exercice 3. Quelle photo va avec chaque mot?

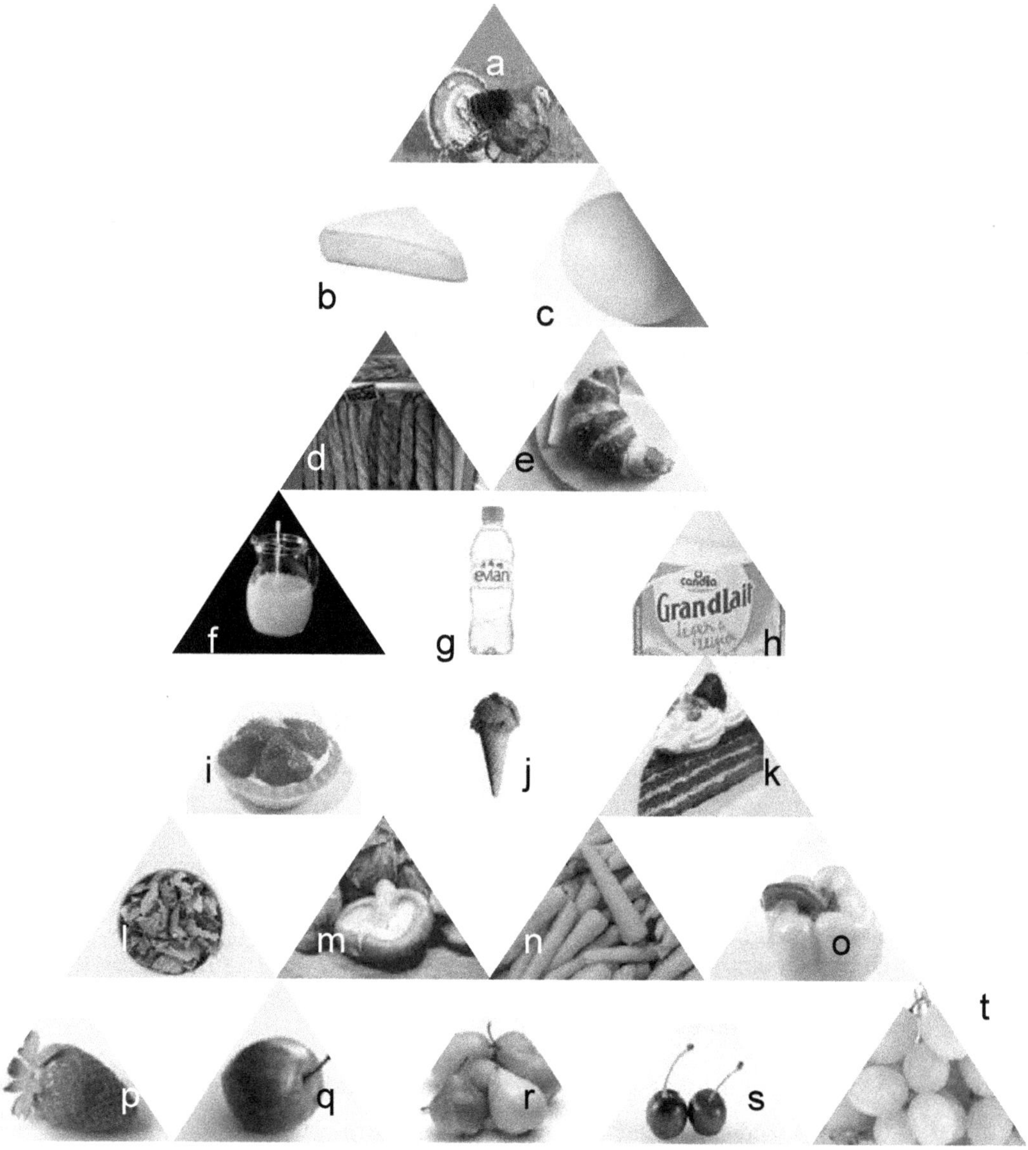

____1. un oeuf
____2. une tarte
____3. du jus d'orange
____4. de l'eau
____5. une fraise
____6. du lait
____7. des champignons
____8. du fromage
____9. du pain
____10. de la dinde
____11. des carottes
____12. du raisin
____13. un croissant
____14. des cerises
____15. un poivron
____16. un gâteau
____17. des poires
____18. de la glace
____19. une pomme
____20. de la salade

Chapitre 5

Exercice 4. Les repas.
Décidez avec un partenaire quand les Français prennent les aliments suivants.

		au petit déjeuner	au déjeuner
1.	On prend de la salade...	☐	☐
2.	On prend des céréales...	☐	☐
3.	On boit du thé...	☐	☐
4.	On boit du café au lait...	☐	☐
5.	On mange du boeuf ou du veau...	☐	☐
6.	On prend du beurre et de la confiture...	☐	☐
7.	On mange des oeufs...	☐	☐
8.	On prend du pain.	☐	☐
9.	On boit du jus d'orange...	☐	☐
10.	On prend une tarte aux pommes...	☐	☐
11.	On mange des croissants...	☐	☐
12.	On boit de l'eau minérale...	☐	☐

At home, please go to the Français interactif website. Read the following grammar points in Tex's French Grammar and complete all Texercises which you will turn in to your instructor.

5.1 determiners: partitive articles

masc.	du (pain)
fem.	de la (viande)
masc. or fem. before vowel.	de l'ail (m.) de l'eau (f.)

Partitive articles are used before mass nouns. They express quantities that are indivisible or cannot be counted.

Exercice 5. Quel magasin?

On vend...

_____ 1. du saucisson et du pâté   a. à la boucherie
_____ 2. des gâteaux et des tartes   b. à la boulangerie-pâtisserie
_____ 3. du fromage et des céréales   c. à la charcuterie
_____ 4. une baguette et des croissants   d. à l'épicerie
_____ 5. des oignons et des tomates   e. au marché
_____ 6. de la sole et du thon   f. à la poissonnerie
_____ 7. des bananes et des cerises
_____ 8. du poulet et du veau

Chapitre 5

Exercice 6. Qu'est-ce que tu manges?
Posez ces questions à vos camarades.

1. Est-ce que tu manges du pâté? _____
2. Est-ce que tu prends de la salade tous les jours? _____
3. Est-ce que tu bois de l'eau minérale? _____
4. Est-ce que tu manges des escargots? _____
5. Est-ce que tu prends souvent du poisson? _____
6. Est-ce que tu manges du yaourt? _____
7. Est-ce que tu bois du jus d'orange au petit déjeuner? _____
8. Est-ce que tu prends le dessert avant le dîner? _____
9. Est-ce que tu manges souvent de la viande? _____
10. Est-ce que tu aimes manger des plats épicés? _____.

> Parlez uniquement en français! Si la réponse est "OUI", demandez la signature de cette personne. Changez de camarade pour chaque question. Ecoutez attentivement les questions qu'on vous pose. Ne répondez pas à des questions incomplètes.

Exercice 7. Bizarre ou normal?

> prendre is used to say what you 'have' at a meal. See 5.4 for conjugation of prendre.

	bizarre	normal
1. Dans une quiche, il y a <u>des</u> oeufs, <u>du</u> jambon et <u>du</u> sucre.	☐	☐
2. Dans un hamburger, il y a <u>du</u> boeuf, <u>de la</u> laitue et <u>du</u> ketchup.	☐	☐
3. Dans une fondue, il y a <u>du</u> fromage, <u>du</u> vin blanc et <u>du</u> pain.	☐	☐
4. Dans un gâteau au chocolat, il y a <u>du</u> chocolat, <u>du</u> sucre et <u>du</u> poivre.	☐	☐
5. Dans une vinaigrette, il y a <u>de l'</u>huile, <u>du</u> sel et <u>de la</u> moutarde.	☐	☐
6. Dans une tarte aux pommes, il y a <u>du</u> fromage, <u>des</u> pommes et <u>du</u> sucre.	☐	☐

> **Remember:** After the negative, indefinite articles (un, une, des) and partitive articles (du, de la, de l') change to de or d' in a negative sentence : Il n'y a pas de chocolat dans une quiche.

Exercice 8. Les habitudes alimentaires de Tex.
Trouvez la bonne association pour chaque phrase.

Tex ...   Il ...
____ 1. ...va à la boucherie.   a. ne mange pas de marrons.
____ 2. ...va à la charcuterie.   b. va manger une tarte aux pommes.
____ 3. ...mange des céréales.   c. achète du jambon.
____ 4. ...est allergique aux noix. d. va manger du gâteau au chocolat.
____ 5. ...aime les pommes.   e. achète de la viande.
____ 6. ...aime les desserts sucrés. f. prend le petit déjeuner.

Exercice 9.
Vous et votre régime

Qu'est-ce que vos préférences gastronomiques indiquent sur votre personnalité? Pour savoir (to know, to find out), faites ce petit test.

1. Au petit déjeuner, vous prenez en général:
   a. rien du tout (nothing at all)
   b. des oeufs et des toasts
   c. du yaourt avec des céréales
   d. un croissant ou un pain au chocolat

2. A midi, en général, vous prenez:
   a. une pizza
   b. un bifteck haché avec des frites
   c. une salade d'épinards
   d. un plat chinois

3. Pour votre goûter de quatre heures en général:
   a. une tablette de chocolat
   b. un taco
   c. une pomme (ou un autre fruit)
   d. du thé avec une brioche

4. Si c'est vous qui préparez le dîner, vous faites en général:
   a. des spaghettis à la sauce tomate
   b. de la pizza
   c. une soupe de légumes
   d. un canard à l'orange

Une majorité d'A	Une majorité de B	Une majorité de C	Une majorité de D
Vous êtes plus pressé(e) que réellement intéressé(e) par la cuisine. Apprenez à prendre le temps de bien manger.	Vous mangez comme un(e) vrai(e) Américain(e). C'est bien, mais vous avez besoin d'essayer de nouveaux plats!	Est-ce que vous êtes végétarien(ne)? C'est très bon pour la santé, mais n'oubliez pas de manger des protéines (du tofu, des céréales complets, des haricots, etc.)	Vous êtes un(e) vrai(e) gourmet avec des goûts variés!

Adapté du livre ENCORE!

Exercice 10. Qu'est-ce qu'ils mangent?
Qu'est-ce qu'ils mangent? Qu'est-ce qu'ils ne mangent pas?

Modèle:
les végétariens: Les végétariens mangent des oranges, des carottes et de la salade. Ils mangent peut-être du poisson, mais ils ne mangent jamais de boeuf.

1. les athlètes
2. les personnes qui font un régime
3. les enfants

Chapitre 5

Dictogloss 2. Les goûts alimentaires de votre prof
Formez des groupes de 3 ou 4 personnes. Ecoutez le texte lu par votre professeur. Complétez les phrases suivantes et donnez le plus de détails possibles.

Tous les jours je bois _____

au petit déjeuner et je mange _____.

Je ne mange pas _____.

Pour le déjeuner, je prends souvent _____ avec de la viande ou

_____. J'aime beaucoup_____

ou _____. Je mange toujours _____

et _____ et en dessert je prends

_____ ou _____.

Pour le dîner, j'aime prendre _____ et du pain. Comme_____

j'aime _____ mais _____

le vin rouge. Je bois toujorus. _____

_____

Chapitre 5

Exercice 11. Madame Guilloteau fait la cuisine.
Madame Guilloteau va préparer le déjeuner. Complétez les phrases suivantes avec un article défini, indéfini ou partitif:

Madame Guilloteau adore _____ cuisine française. Pour le déjeuner, elle va préparer _____ quiche lorraine en entrée et _____ coq au vin en plat principal. Pour le dessert, elle va faire _____ mousse au chocolat.

Madame Guilloteau va acheter _____ farine, _____ beurre, _____ lait, _____ jambon et _____ fromage pour faire la quiche. Elle achète aussi _____ poulet, _____ vin rouge, _____ carottes et _____ oignons pour le plat principal. Pour _____ mousse au chocolat elle va prendre _____ chocolat, _____ sucre et _____ oeufs.

Elle achète aussi _____ eau minérale et _____ café. Elle n'achète pas _____ coca, parce que sa famille n'aime pas _____ coca.

At home, please go to the Français interactif website. Read the following grammar points in Tex's French Grammar and complete all Texercises which you will turn in to your instructor.

5.2 determiners: expressions of quantity

Expressions of quantity are always followed by
- de: beaucoup de pain
- d' if the noun begins with a vowel sound: une bouteille d'eau

Exercice 12. Vos goûts -- Qu'est-ce que vous prenez?
A. Posez les questions suivantes à un partenaire. Donnez 3 choses pour chaque question.

1. Qu'est-ce que tu prends au petit-déjeuner d'habitude? _____ .
2. Qu'est-ce que tu prends au déjeuner d'habitude? _____ .
3. Qu'est-ce que tu prends au goûter d'habitude? _____ .
4. Qu'est-ce que tu prends au dîner d'habitude? _____ .

B. Partagez vos réponses avec la classe

Exercice 13. Au supermarché
Donnez un produit logique pour chaque quantité.

1. une bouteille de _____ .
2. un litre de _____ .
3. un k lo de _____ .
4. un morceau de _____ .
5. 500 grammes de _____ .

Exercice 14. Trop, beaucoup, un peu, ou pas du tout?

Posez les questions suivantes à un camarade et notez ses réponses.

Modèle:
Tu manges du pain?

    Oui, je mange
- ☐ trop
- ☐ beaucoup
- ☐ un peu

...de pain.

ou

    Non, je ne mange
- ☐ pas

...de pain.

1. Tu manges de la viande rouge?
   - ¢ mange...
   - ☐ trop de
   - ☐ beaucoup de
   - ☐ un peu de
   - ☐ ne p. as

   ...viande rouge.

2. Tu manges de la salade?
   - ¢ mange...
   - ☐ trop de
   - ☐ beaucoup de
   - ☐ un peu de
   - ☐ ne p. as

   ...salade.

3. Tu manges du beurre?
   - ¢ mange...
   - ☐ trop de
   - ☐ beaucoup de
   - ☐ un peu de
   - ☐ ne p. as

   ...beurre.

4. Tu manges des pâtisseries?
   - ¢ mange...
   - ☐ trop de
   - ☐ beaucoup de
   - ☐ un peu de
   - ☐ ne p. as

   ...pâtisseries.

5. Tu manges des fruits?
   - ¢ mange...
   - ☐ trop de
   - ☐ beaucoup de
   - ☐ un peu de
   - ☐ ne p. as

   ...fruits.

6. Tu manges des légumes?
   - mange...
   - ☐ trop de
   - ☐ beaucoup de
   - ☐ un peu de
   - ☐ ne p. as
   ...légumes.

7. Tu manges du chocolat?
   - mange...
   - ☐ trop de
   - ☐ beaucoup de
   - ☐ un peu de
   - ☐ ne p. as
   ...chocolat.

8. Tu manges du poisson?
   - mange...
   - ☐ trop de
   - ☐ beaucoup de
   - ☐ un peu de
   - ☐ ne p. as
   ...poisson.

Est-ce que votre partenaire mange bien? Pourquoi ou pourquoi pas?

Exercice 15. Des recettes de Madame Guilloteau

Voici des recettes de Madame Guilloteau. Décidez quelle recette va avec chaque photo.

Recette n°1
- 1 oignon
- 1 cuillère à soupe d'huile
- 600 grammes de champignons
- 4 oeufs
- 100 grammes de crème
- 100 grammes d'épinards
- 100 grammes de poireaux
- une gousse d' (a head of) ail

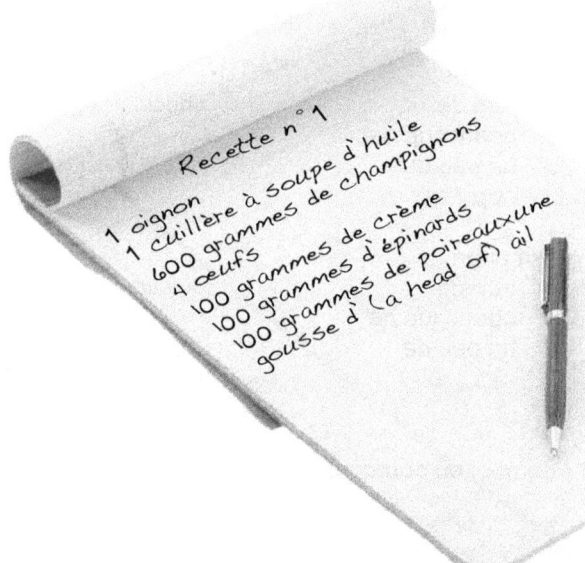

Recette n°2
- 50 grammes de sucre
- 2 oeufs
- 20 grammes de beurre
- 100 grammes de chocolat

Recette n°3
- 50 grammes de farine (flour)
- 1 cuillère à café de cognac
- 1 bouteille de vin rouge
- 2 cuilleres à soupe de cognac
- 1,5 kilo de coq
- 100 grammes de petits oignons
- 100 grammes de carottes
- une gousse d' (a head of) ail
- 250 grammes de champignons

Recette n°4
- 200 grammes de lardons (bacon)
- 4 tranches de pain
- 4 oeufs
- 300 grammes de laitue
- 2 cuilleres à soupe d'huile
- 1 cuillere à soupe de vinaigre
- sel et poivre

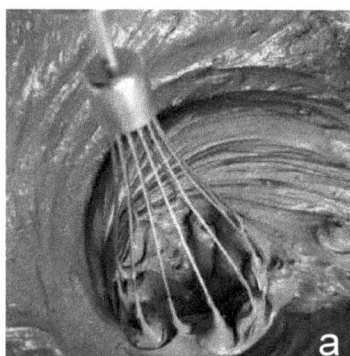
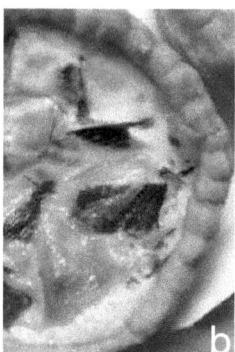

Quelles recettes sont pour l'entrée? Et pour le plat principal? Et pour le dessert?

Chapitre 5

Exercice 16. Quelle recette préférez vous?
A. Votre professeur va lire deux recettes. Ecoutez et complétez le tableau suivant.

	le pho	le fattouche
1. Quel pays d'origine:		
2. Quelle sorte de plat:		
3. Pour quel repas:		
4. Les légumes et les fruits dans la recette:		
5. Les épices:		
6. La viande:		

B. Maintenant, trouvez un partenaire. Comparez vos réponses pour chaque recette. Parlez uniquement en français.

C. Quel plat est-ce que vous aimez le plus? Et votre partenaire? Expliquez pourquoi. Rapportez votre discussion à la classe.

Exercice 17. Dans votre frigo
A. Qu'est-ce que vous avez dans votre frigo? Dessinez les fruits, les légumes, les boissons et les autres choses que vous avez dans votre frigo. Dessinez au moins (at least) six choses et écrivez les noms aussi.

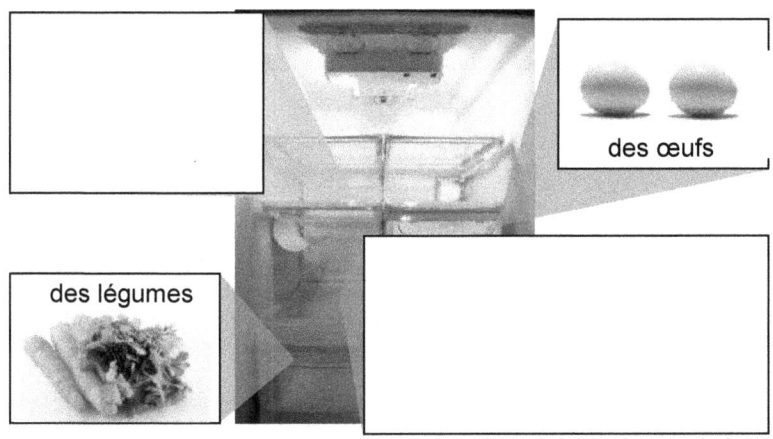

des œufs

des légumes

Chapitre 5

B. Maintenant, comparez votre dessin avec le dessin d'un partenaire. Est-ce que vous avez les mêmes choses dans vos frigos? Chez vous, est-ce que vous avez des choses différentes de votre partenaire? Qu'est-ce que vous avez dans votre frigo que votre partenaire n'a pas? Est-ce que votre partenaire a assez de provisions dans son frigo pour préparer un bon dîner? Expliquez pourquoi ou pourquoi pas.

C. Discutez vos résultats avec la classe.

At home, please go to the Français interactif website. Read the following grammar points in Tex's French Grammar and complete all Texercises which you will turn in to your instructor.

5.3 –ir verbs (regular)

finir 'to finish'

je	finis
tu	finis
il elle on	finit
nous	finissons
vous	finissez
ils elles	finissent

grossir
maigrir
choisir
grandir
obéir à
réfléchir à
réussir à

Rappel: Sortir, partir, dormir are irregular -ir verbs. Review their conjugations in 3.3.

Exercice 18. Quel verbe en -ir?
Quels verbes associez vous avec...

1. les enfants _____
2. les parents _____
3. les gourmands _____
4. les amis _____
5. les étudiants _____
6. les sportifs _____

Exercice 19. Singulier ou pluriel?
Ecoutez et decidez si le verbe est au singulier ou au pluriel. Ecoutez une deuxième fois et écrivez la phrase.

	singulier	pluriel
Modèle: Ils réussissent leurs examens.	☐	√
1. _____	☐	☐
2. _____	☐	☐
3. _____	☐	☐
4. _____	☐	☐
5. _____	☐	☐
6. _____	☐	☐
7. _____	☐	☐
8. _____	☐	☐

Exercice 20. Vrai ou faux?
Décidez si les phrases suivantes sont vraies ou fausses.

	vrai	faux
1. Les mauvais étudiants finissent toujours leurs devoirs	☐	☐
2. Les bons étudiants réussissent souvent leurs examens.	☐	☐
3. Les mauvais étudiants choisissent des cours difficiles.	☐	☐
4. Les mauvais étudiants obéissent aux règles. (rules).	☐	☐
5. Les bons étudiants réfléchissent avant de répondre.	☐	☐

Exercice 21. Et toi?
Posez les questions suivantes à un camarade et comparez vos réponses.

Modèle:
Tu finis toujours tes devoirs?
-Oui, je finis toujours mes devoirs. / Non, je ne finis pas mes devoirs.
Et toi, est-ce que tu finis tes devoirs?
-Oui, moi aussi, je finis toujours mes devoirs./ Non, moi non plus (me neither), je ne finis pas mes devoirs.

	oui	non
1. Tu finis toujours tes devoirs?	☐	☐
2. Tu réussis souvent tes examens?	☐	☐
3. Tu choisis des cours difficiles?	☐	☐
4. Tu accomplis beaucoup?	☐	☐
5. Tu obéis aux règles?	☐	☐
6. Tu réfléchis avant de répondre?	☐	☐

Modèle:
Nous sommes de bon(ne)s étudiant(e)s parce que nous finissons toujours nos devoirs....

Exercice 22. Les choix
Quand vous allez au restaurant, qu'est-ce que vous choisissez en général? Posez les questions suivantes à un partenaire et notez ses réponses. Est-ce que vous choisissez les mêmes choses?

Quand tu vas au restaurant, est-ce que tu choisis.....

1. en entrée: une salade ou de la soupe ou _____?
2. comme plat principal: du poulet, du boeuf, un plat végétarien ou _____?
3. comme boisson: un coca, de l'eau, du thé ou _____?
4. en dessert: de la glace à la vanille, au chocolat, à la fraise ou _____?

Chapitre 5

At home, please go to the Français interactif website. Read the following grammar points in Tex's French Grammar and complete all Texercises which you will turn in to your instructor.

5.4 –re verbs (irregular) like prendre

prendre to take

je	prends
tu	prends
il elle on	prend
nous	prenons
vous	prenez
ils elles	prennent

apprendre
comprendre
surprendre

Exercice 23. Singulier ou pluriel?
Ecoutez chaque phrase et décidez si le verbe est au singulier ou au pluriel. Ecoutez une deuxième fois et écrivez la phrase.

	singulier	pluriel
Modèle: Il prend un taxi.	√	☐
1. _____	☐	☐
2. _____	☐	☐
3. _____	☐	☐
4. _____	☐	☐
5. _____	☐	☐

Exercice 24. Un camarade de classe
A. Choisissez un étudiant que tout le monde connaît bien. Cette personne va s'éloigner de la classe.
B. Ecrivez le prénom de l'étudiant choisi. Puis en groupes de 3 ou 4 complétez chaque phrase d'après les intuitions de votre groupe.

l'étudiant[e]: _____

1. prend _____ (le bus, son vélo, sa voiture, un taxi...) pour aller à l'université.
2. apprend _____ (l'espagnol, l'italien, l'allemand)
3. comprend _____ .(les maths, les sciences, la philosophie)

Par contre, _____ (l'étudiant[e])

4. ne prend pas _____
5. n'apprend pas _____ .
6. ne comprend pas _____ .

C. Chaque groupe va rendre ses phrases complètes au professeur. Puis le professeur va lire toutes les phrases. Si l'étudiant(e) choisi(e) dit "Oui, c'est vrai" alors le groupe reçoit un point. Quel est le groupe qui connaît le mieux l'étudiant(e) (who knows the student the best)?

Exercice 25. A quelle heure?
Posez les questions suivantes à un partenaire.

A quelle heure est-ce que tu prends le petit déjeuner? le déjeuner? et le dîner?

Est-ce que vous avez les mêmes habitudes que votre partenaire? Discutez avec la classe.

Chapitre 5

Exercice 26. Singulier, pluriel ou impossible à distinguer?
Ecoutez chaque phrase et décidez si le verbe est au singulier, au pluriel ou s'il est impossible à distinguer. Ecoutez une deuxième fois et écrivez la phrase.

	singulier	pluriel	impossible à distinguer
Modèle: Il boit du thé.	√	☐	☐
1. _____	☐	☐	☐
2. _____	☐	☐	☐
3. _____	☐	☐	☐
4. _____	☐	☐	☐
5. _____	☐	☐	☐

At home, please go to the Français interactif website. Read the following grammar points in Tex's French Grammar and complete all Texercises which you will turn in to your instructor.

5.5 boire, croire, voir

boire 'to drink'
croire 'to believe'
voir 'to see'

Exercice 27. Qu'est-ce qu'ils boivent?
Completez les phrases suivantes.

1. Les sportifs boivent _____ .
2. Les Anglais boivent _____ .
3. Pendant les examens, les étudiants boivent _____ .
4. Les Allemands boivent _____ .
5. Les enfants boivent _____ .
6. Les Américains _____ .
7. Les Français. _____ .

je	bois / crois / vois
tu	bois / crois / vois
il / elle / on	boit / croit / voit
nous	buvons / croyons / voyons
vous	buvez / croyez / voyez
ils / elles	boivent / croient / voient

Exercice 28. Qu'est-ce qu'on boit?
Vous allez au restaurant avec trois amis. Ils vous demandent de choisir les boissons. Un de ces amis ne boit pas d'alcool, donc trouvez au moins (at least) 2 boissons possibles.

1. Est-ce que vous prenez un apéritif? Si oui, on boit _____ ou _____ .

2. Comme entrée, vous prenez du saumon avec du beurre sur des morceaux de pain. Donc on _____ boit ou _____ .

3. Comme plat principal vous prenez du boeuf. Donc on boit _____ ou _____ .

4. Après le dessert, on prend _____ .

NOTE CULTURELLE

Les repas français

Les repas français sont bien variés et équilibrés. On mange un peu de tout...des légumes, de la viande, de la salade, du pain, et du fromage. Après le fromage, on prend un fruit, un yaourt, ou bien un dessert. Et n'oubliez pas...on ne boit pas le café avec le dessert, mais après!

Exercice 29. Est-ce que vous aimez les mêmes boissons?
Comparez vos boissons habituelles avec un partenaire. Est-ce que vous buvez les mêmes boissons?

Est-ce que vous avez les mêmes habitudes?

> **Modèle:** Au petit déjeuner, qu'est-ce que tu bois? à bois du café.

Qu'est-ce que tu bois...
1. au dîner?
2. quand il fait chaud?
3. quand tu regardes la télé?
4. avec des plats salés?
5. avec des plats sucrés?

Exercice 30. Vous êtes sceptique?

A. En groupes de 3 ou 4, répondez aux questions suivantes. Est-ce que vous...

	oui	non
1. croyez aux fantômes?	☐	☐
2. croyez aux extra-terrestres?	☐	☐
3. croyez aux OVNIs (objets volants non-identifiés)?	☐	☐
4. croyez au Père Noël?	☐	☐

B. Comparez vos réponses avec celles de la classe. Quel groupe est le plus sceptique?

Exercice 31. Qu'est-ce que tu vois?
Complétez les phases suivantes.

1. Dans la salle de classe, on voit
   _____

2. Dans un restaurant français, on voit
   _____

3. A McDo, on voit
   _____

4. De la fenêtre, on voit
   _____

Exercice 32. Vos habitudes.

A. Avec un partenaire, décidez si les aliments suivants sont bons ou mauvais pour la santé.

	bon	mauvais
1. le pain	☐	☐
2. le poulet	☐	☐
3. le coca-cola	☐	☐
4. la salade	☐	☐
5. le fromage	☐	☐
6. la pizza	☐	☐
7. les légumes	☐	☐
8. le poisson	☐	☐
9. le lait	☐	☐
10. la bière	☐	☐
11. la viande rouge	☐	☐
12. la glace	☐	☐

Est-ce que la classe est d'accord avec vous?

B. Ajoutez cinq aliments ou boissons que l'étudiant(e) typique mange et boit régulièrement. Est-ce qu'ils sont bons ou mauvais pour la santé?

> **Modèle:**
> Qu'est-ce que l'étudiant(e) typique mange régulièrement?   Il/elle mange des pâtes.
> Qu'est-ce que l'étudiant(e) typique boit régulièrement?   Il/elle boit de l'eau.

	bon	mauvais
Modèle: des céréales	√	☐
Modèle: des céréales	☐	√
1. _____	☐	☐
2. _____	☐	☐
3. _____	☐	☐
4. _____	☐	☐
5. _____	☐	☐

NOTE CULTURELLE

Déroulement d'un repas français

On prend l'apéritif avant le dîner pour ouvrir l'appétit. On mange souvent des olives, du saucisson, des chips, et des cacahuettes (peanuts). On prend ou bien des boissons non-alcoolisées comme des jus de fruits ou du coca, ou bien des boissons alcoolisées comme du muscat (a sweet wine from Provence), du pastis (licorice flavored liqueur mixed with water), un kir (white wine with cassis syrup) ou du porto (port). Avec le dîner on boit du vin ou de l'eau. Après le dessert, on prend un café et peut-être un digestif (an alcoholic after-dinner drink, such as a brandy or other liqueur).

Chapitre 5

At home, please go to the Français interactif website. Read the following grammar points in Tex's French Grammar and complete all Texercises which you will turn in to your instructor.

5.6 interrogative words: où, quand, comment…

Interrogative words (où, quand, comment, pourquoi, combien, combien de) are used with either

• *est-ce que:*

Où est-ce qu'elles sont?

or

• *subject/verb inversion:*

Tammy et Bette, où sont-elles? (See 5.7)

*Note that the question word always goes before est-ce que

C. Qu'est-ce que vous pensez des habitudes alimentaires de votre partenaire?

Modèle: Les habitudes de mon/ma partenaire, _____, sont (très bonnes, bonnes, normales, mauvaises ou très mauvaises), parce qu'il/qu'elle mange beaucoup de ….., et boit souvent de…. A mon avis il/elle ne mange pas assez de_____.

Devoirs: Etes-vous d'accord avec votre partenaire? Expliquez et décrivez vos habitudes alimentaires dans un paragraphe de 8 phrases.

Exercice 33. Vendredi soir!
A. Choisissez un étudiant que tout le monde connaît bien. Cette personne va s'éloigner du groupe.
B. Ecrivez le prénom de l'étudiants choisi. Puis complétez chaque phrase d'après les intuitions de votre groupe.

l'étudiant[e]: _____

1. Où est-ce qu'il/elle va vendredi soir? Il/Elle va _____ (au cinéma, à la bibliothèque, au restaurant,)..

2. Avec qui est-ce qu'il/elle va? Il/Elle va avec _____ (ses parents, ses amis, sa copine/son copain,)..

3. Comment est-ce qu'ils vont à cet endroit (that place)? Ils vont à cet endroit _____ (en voiture, à pied, en bus,)..

4. Quand est-ce qu'ils vont à cet endroit? Ils vont à cet endroit _____ (à quelle heure?)

5. Pourquoi est-ce qu'ils vont à cet endroit? Ils vont à cet endroit parce que (+ sujet + verbe) / pour _____

 (+ infinitif) _____

Exercice 34. Les grandes vacances?
A. Transformez les questions suivantes en utilisant l'inversion.

1. Où est-ce que vous allez passer les grandes vacances? _____
   _____

2. Est-ce que vous aimez aller à l'étranger? _____
   _____

3. Qu'est-ce que vous faites en vacances? _____
   _____

4. Avec qui est-ce que vous voyagez? _____
   _____

5. Est-ce qu'il(s)/elle(s) font les mêmes activités que vous? _____
   _____

B. Ensuite posez ces questions à votre professeur.

Chapitre 5

At home, please go to the Français interactif website. Read the following grammar points in Tex's French Grammar and complete all Texercises which you will turn in to your instructor.

5.7 questions with subject/verb inversion

Inversion is sometimes used to ask formal questions:

• *formed by reversing subject pronoun/verb order.*

Avez-vous faim?
Préférez-vous le vin blanc ou le vin rouge?

Exercice 35. Encore des questions!

A. Quelles sont les questions à poser à un camarade de classe pour connaître (know)

1. son nom _____
2. sa nationalité _____
3. son âge _____
4. ses passe-temps préférés _____

B. Quelles sont les questions avec "est-ce que" pour savoir:

1. pourquoi il étudie le français
   _____
2. ce qu'il/elle boit le matin
   _____
3. si il/elle sort souvent
   _____
4. si il/elle a une page sur Facebook
   _____
5. quand il/elle prend le petit déjeuner
   _____
6. où il/elle habite
   _____

C. En classe, posez les questions de la section B à votre partenaire.

D. **Devoirs:** Ecrivez un dialogue basé sur votre conversation avec au moins 4 questions et 4 réponses complètes.

Exercice 36. Paul Bocuse.

Connaissez vous Paul Bocuse, le grand chef cuisinier français? Chevalier de la Légion d'honneur et désigné "Cuisinier du Siècle" par Gault-Millau en 1989, il a trois étoiles au Guide Michelin depuis 1965! Voici le menu classique de l'Auberge du Pont de Colonges, son restaurant près de Lyon.

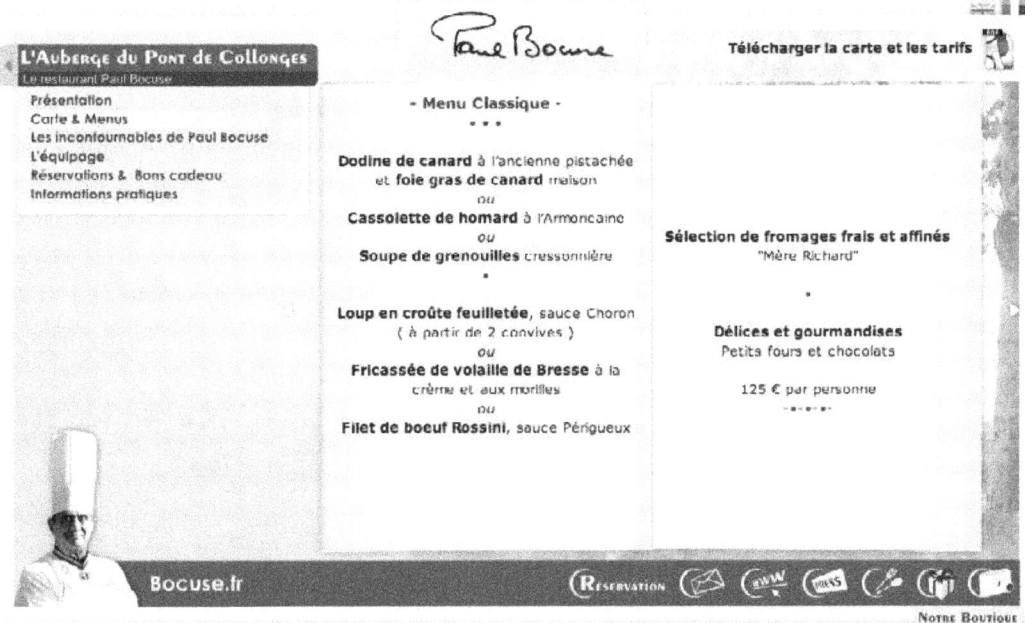

Regardez le menu avec un partenaire.

1. Quel est le prix de ce menu fixe?
   Quels sont les quatre plats (courses)?
   _____
   _____
   _____
   _____

2. Quelle entrée préférez vous? Pourquoi?
   _____
   _____

3. Quel plat principal préférez vous? Pourquoi?
   _____
   _____

Chapitre 5

Exercice 37. Les brasseries de Bocuse.
Heureusement Paul Bocuse a aussi cinq brasseries à Lyon. Ses brasseries sont beaucoup moins chères que son restaurant.

Voici l'addition d'une de ses brasseries. Regardez l'addition avec un partenaire et répondez aux questions suivantes.

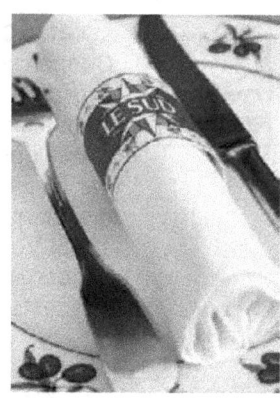

1. C'est quelle brasserie?
   _____

2. Quelle est l'adresse de la brasserie?
   _____

3. Comment s'appelle le serveur?
   _____

4. Il y a deux couverts. 'Couvert' veut dire:
   a. place setting
   b. spoon
   c. blanket
   d. person

5. Qu'est-ce que les clients prennent comme apéritif?
   _____

6. Qu'est-ce qu'ils boivent avec le dîner?
   a. de l'eau
   b. du vin rouge
   c. du vin blanc
   d. du café

7. Qu'est-ce qu'ils boivent après le dessert?
   a. de l'eau
   b. du vin rouge
   c. du vin blanc
   d. du café

8. Ils prennent quels plats (courses)?
   a. une entrée + un plat principal
   b. un plat principal
   c. une entrée + un plat principal + un fromage
   d. une entrée + un plat principal + un dessert

GLOSSAIRE

FRANÇAIS - ANGLAIS

à carreaux / une chemise à carreaux: plaid / plaid shirt, **10**
à fleurs / une robe à fleurs: floral (print), with flowers / floral print dress, **10**
à la mode: in fashion, **10**
abonnement: *m.* subscription, **9**
achat / faire des achats: *m.* purchase / to go shopping, **8**
acheter: to buy, **3**
acteur / actrice: *m / f.* actor / actress, **1, 9**
actif / active : active, **4**
actionnaire: *m, f.* shareholder, **13**
actions : *f pl,* , stocks, **13**
activité: *f.* activity, **2, 3**
actualité: *f.* current events, **9**
adjectif / adjectifs qui précèdent le nom : *m.* adjective / adjectives which precede the noun, **4**
administration économique et sociale: *f.* AES - public affairs, **11**
adorer: to adore, **2**
adverbe: *m.* adverb, **2**
aérobique / faire de l'aérobique: *f.* aerobics / to do aerobics, **10**
aéroport: *m.* airport, **6**
affaire / affaires: *f.* a business / business (in general), **12**
affiche: *f.* poster, **1**
africain(e): African, **2**
Afrique: *f.* Africa, **2**
âge: *m.* age, **2**
agent de voyage: *m.* travel agent, **12**
agréable: pleasant, **4**
ail: *m.* garlic, **5**
aimer: to like, to love, **2**
s'aimer: to love each other, **13**
album: *m.* album, **9**
alcoolisé(e) / boisson alcoolisée (f): alcoholic / alcoholic beverage, **5**
Algérie: *f.* Algeria , **2**
algérien(ne): Algerian, **2**
Allemagne: *f.* Germany, **2**
allemand: *m.* German, **11**
allemand(e): German, **2**
aller: to go, **3, 6**
aller à l'université: to go to the university, **3**
aller à pied: to go on foot, **6**
aller au cinéma: to go to the movies, **3**
aller au concert: to go to a concert, **3**
aller au parc: to go to the park, **3**
aller bien: to fit well, **10**
aller en boîte: to go to a nightclub, dance club, **3**
aller en cours: to attend class, **11**
aller en discothèque: to go to a nightclub, dance club, **3**
aller mal: to fit poorly, **10**
allergie: *f.* allergy, **10**
Allô...: Hello..., **9**
Alpes: *f pl,* Alps, **3**
alphabet: *m.* alphabet, **pré**

alphapage: *m.* pager, **9**
Alsace: *f.* Alsace, **3**
ambitieux / ambitieuse: ambitious, **4**
amener: to bring somebody (along), **3**
américain(e): American, **2**
Amérique: *f.* America, **2**
Amérique du Nord: *f.* North America, **2**
Amérique du Sud: *f.* South America, **2**
ami / amie: *m / f.* friend, **2**
amour / grand amour: *m.* love / the love of one's life, **13**
amour passion: *m.* infatuation-type love, **13**
amours: *m pl,* love life, **13**
amphithéâtre / amphi: *m.* amphitheater, **11**
amusant(e) / Il est amusant de: funny, amusing / It is fun (to)..., **4, 10**
s'amuser: to have, fun, **4, 8**
analyste-programmeur: *m.* analyst-programmer, **12**
ancien(ne): old, **8**
anglais: *m.* English, **pré, 11**
anglais(e): English, **2**
Angleterre: *f.* England, **2**
année: *f.* year, **1**
anniversaire / Bon (Joyeux) anniversaire!: *m.* birthday, anniversary / Happy Birthday!, **7**
anniversaire de mariage: *m.* wedding anniversary, **7**
annonceur / annonceuse: *m / f.* announcer, **9**
annuaire (téléphonique): *m.* phone book, **9**
anorak: *m.* parka, **10**
août: *m.* August, **1**
apéritif: *m.* cocktail (before dinner drink), **5**
appartement: *m.* apartment, **8**
apprendre: to learn, **5, 11**
apprendre à quelqu'un: to teach someone, **5**
après-midi: *m, f.* afternoon, **1**
architecte: *m.* architect, **1**
architecture: *f.* architecture, **11**
argent: *m.* money, **13**
Armistice, le 11 novembre: *m.* Armistice Day, **7**
armoire: *f.* armoire, **8**
arriver: to arrive, **6**
arrogant(e): arrogant, **4**
arrondissement: *m.* administrative district in a large city (e.g. Paris), **6**
art: *m.* art, **11**
artisan / artisane: *m / f.* craftsman, **12**
Ascension: *f.* Ascension Day, **7**
asiatique: Asian, **2**
Asie: *f.* Asia, **2**
asperge: *f.* asparagus, **5**
aspirateur / passer l'aspirateur: *m.* vacuum cleaner / to pass the vacuum cleaner, **8**
assez de: enough, **5**
assiette / une assiette de: *f.* plate / a plate of, a plateful, **5**
assistante sociale: *f.* social worker, **12**
assister (à): to attend, **11**
Assomption, le 15 août: *f.* feast of the Assumption, **7**
assurance: *f.* insurance, **13**
attendre: to wait for, **6**
Au revoir: Goodbye, **1**
aubergine: *f.* eggplant, **5**

auditeur / auditrice: *m / f.* listener, **9**
aujourd'hui: today, **1**
aussi: also, **2**
Australie: *f.* Australia, **2**
australien(ne): Australian, **2**
automne / en automne: *m.* fall / in the fall, **3**
autre: other, **4, 6**
avantages sociaux: *m pl*, benefits (health insurance, retirement plan, etc.), **12**
avare: miserly, **13**
avenue: *f.* avenue, **6**
avion / en avion: *m.* plane / by plane, **3**
avocat / avocate: *m / f.* lawyer, **12**
avoir: to have, **2**
avoir besoin de: to need, **2**
avoir envie de: to feel like (to want to), **2**
avoir faim: to be, hungry, **5**
avoir l'intention de: to intend (to), **2**
avoir la moyenne: to receive a passing grade, **11**
avoir les moyens de: to have the means to **13**
avoir mal à / (avoir mal à la tête, au dos, aux pieds, etc): to hurt (body part) / (to have a headache, a backache, sore feet, etc), **10**
avoir soif: to be, thirsty, **5**
avril / premier avril : *m.* April / April Fool's Day, **1, 7**
baccalauréat / bac: *m.* baccalaureate exam, **11**
bachelier / bachelière: *m / f.* student who has passed the bac , **11**
baguette: *f.* baguette, **5**
baignoire: *f.* bathtub, **8**
Balance: *f.* Libra, **13**
balcon: *m.* balcony, **8**
banane: *f.* banana, **5**
bande-dessinée: *f.* comic strip, **9**
banlieue: *f.* suburbs, **6**
banque: *f.* bank, **6, 13**
banquier / banquière: *m / f.* banker, **12**
basket: *m.* basketball, **2**
baskets: *f pl*, basketball shoes, **10**
bateau / en bateau: *m.* boat / by boat, **3**
bâtiment: *m.* building, **6**
beau / bel / belle: beautiful, **4**
beau / Il fait beau.: nice (weather) / It's nice (weather)., **3**
beaucoup / beaucoup de: a lot / a lot (of), **2, 5**
belge: Belgian, **2**
Belgique: *f.* Belgium, **2**
Bélier: *m.* Aries, **13**
beurre: *m.* butter, **5**
bibliothèque: *f.* library, **6, 11**
bicyclette: *f.* bicycle, bike, **3**
bientôt / à bientôt: soon / see you soon, **1**
bière: *f.* beer, **5**
biologie: *f.* biology, **pré, 11**
blague: *f.* joke, **7**
blanc / blanche: white, **4**
bleu(e): blue, **4**
blond / blonde: blond, **4**
blouson: *m.* short jacket, leather jacket, **10**
boeuf: *m.* beef, **5**
boire: to drink, **5**
boisson / boisson non-alcoolisée / boisson alcoolisée: *f.* drink, beverage / non-alcoholic beverage / alcoholic beverage, **5**
boîte / une boîte de: *f.* can / a can of, **5**
boîte [slang]: *f.* firm, business, **12**
boîte aux lettres: *f.* mailbox, **6**
boîte de nuit: *f.* nightclub, dance club, **3, 6**
bol / un bol de: *m.* bowl / a bowl of, a bowlful, **5**
Bon (Joyeux) anniversaire!: Happy Birthday!, **7**
bon / bonne: good, **4**
Bon appétit!: have a nice meal!, **5**
bon marché: inexpensive, **13**
Bonjour: Good day (Hello), **1**
Bonne Année!: Happy New Year!, **7**
Bonne fête!: Happy Saint's Day!, **7**
Bonsoir: Good evening, **1**
botte: *f.* boot, **10**
bouche: *f.* mouth, **4, 10**
boucher / chez le boucher: *m.* butcher / at the butcher's, **5**
boucherie / à la boucherie: *f.* butcher shop / at the butcher shop, **5, 6**
bouclé(e): curly, **4**
bougie: *f.* candle, **7**
boulanger / boulangère / chez le boulanger: *m / f.* baker / at the baker's, **5, 12**
boulangerie: *f.* bakery, **6**
boulangerie-pâtisserie / à la boulangerie-pâtisserie: *f.* bakery-pastry shop / at the bakery-pastry shop, **5**
boulevard: *m.* boulevard, **6**
boulot [slang]: *m.* job, **12**
bourguignon (ne): from Burgundy, **5**
Bourgogne: *f.* Burgundy, **3**
bourse / bourse (de Paris): *f.* stock market / (Paris) stock market, **13**
bout / au bout (de): *m.* end / at the far end (of), **6**
bouteille / une bouteille de: *f.* bottle / a bottle of, **5**
boutique: *f.* boutique, **6**
branché(e): in fashion, **10**
bras: *m.* arm, **10**
Bretagne: *f.* Brittany, **3**
bricoler: to make, home repairs or improvements, **8**
brioche: *f.* brioche, **5**
se brosser les cheveux: to brush your hair, **4**
se brosser les dents: to brush your teeth, **4**
brouillard / Il y a du brouillard. : *m.* fog / It's foggy., **3**
brun / brune: brown (hair), brunette, **4**
bûche de Noël: *f.* Yule log (also a cake in the shape of a Yule log), **7**
budget / faire un budget / dépasser son budget: *m.* budget / to establish a budget / to go beyond one's budget, **13**
buffet: *m.* hutch, buffet, **8**
bulletin de notes: *m.* grade report, **11**
bureau / sur le bureau: *m.* desk, office / on the desk, **1, 6, 8, 12**
bureau de poste: *m.* post office, **6**
bureau de tabac: *m.* tobacco shop, **6**
bus / en bus: *m.* bus / by bus, **3**
cabine téléphonique: *f.* phone booth, telephone booth, **6, 9**

cadeau: *m.* gift, **7**
cadre: *m.* executive, **12**
cafard: *m.* cockroach, **pré**
café / au café: *m.* coffee, café / at the café, **5, 6**
cafétéria: *f.* cafeteria, **11**
cahier: *m.* notebook, **1**
caisse d'épargne: *f.* savings and loan association, **13**
caissier / caissière : *m / f.* cashier, **12**
calendrier / calendrier français : *m.* calendar / French calendar, **1, 7**
calme : calm, **4**
camarade: *m, f.* friend, **2**
campagne: *f.* country, **3**
Canada: *m.* Canada, **2**
canadien(ne): Canadian, **2**
canapé: *m.* couch, **8**
canard: *m.* duck, **5**
Cancer: *m.* Cancer, **13**
canoë / faire du canoë: *m.* canoeing / to go canoeing, **10**
Capricorne: *m.* Capricorn, **13**
car / en car: *m.* tour bus / by tour bus (from city to city), **3**
cardinal / cardinale / cardinaux / cardinales: cardinal, **1**
Carnaval (Mardi Gras): *m.* Mardi Gras, Carnival, **7**
carotte: *f.* carrot, **5**
carré(e): square, **4**
carrefour / au carrefour (de): *m.* intersection / at the intersection of, **6**
carrière: *f.* career, **12**
carte (du monde) / jouer aux cartes: *f.* card, map (of the world) / to play cards, **1, 2**
carte d'étudiant: *f.* student ID card, **11**
carte de voeux: *f.* greeting card, **7**
carte postale virtuelle: *f.* virtual postcard, **9**
carte téléphonique: *f.* phone card, **9**
casquette: *f.* cap, **10**
cathédrale: *f.* cathedral, **3, 6**
cave: *f.* cellar, wine cellar, **8**
cédérom / CD-rom: *m.* CD-rom, **9**
ceinture: *f.* belt, **10**
célèbre: famous, **9**
célébrer: to celebrate, **7**
célébrité: *f.* celebrity, **9**
cent / deux cents: hundred (one hundred) / two hundred, **3**
centre / au centre: *m.* center / in the center, **3, 6**
centre commercial: *m.* shopping center, mall, **6, 10**
centre-ville: *m.* downtown, **6**
céréales: *f pl,* cereal, **5**
cérémonie: *f.* ceremony, **7**
cerise: *f.* cherry, **5**
chaîne: *f.* channel, **9**
chaîne-stéréo: *f.* stereo, **8**
chaise: *f.* chair, **1, 8**
chambre / dans la chambre…: *f.* bedroom / in the bedroom…, **8**
champagne: *m.* champagne, **5, 7**
champignon: *m.* mushroom, **5**
Chandeleur, le 2 février: *f.* Candlemas, **7**
changer: to change, **3**

chanson: *f.* song, **9**
chanter: to sing, **2, 9**
chanteur / chanteuse: *m / f.* singer, **1, 9**
chapeau: *m.* hat, **10**
chapitre: *m.* chapter,
charcuterie / à la charcuterie: *f.* pork butcher shop, delicatessen / at the pork butcher shop/delicatessen , **5, 6**
charcutier / charcutière / chez le charcutier: *m / f.* pork butcher / at the pork butcher's, **5**
chargé(e): full/busy (referring to schedule), **11**
chat / chatte: *m / f.* cat, **pré**
châtain (invariable): light brown, chestnut, **4**
château: *m.* castle, **3**
chaud(e) / Il fait chaud.: hot / It's hot (weather)., **3**
chaussette: *f.* sock, **10**
chaussure: *f.* shoe, **10**
chef d'entreprise: *m.* company head, business owner, **12**
chemise: *f.* man's shirt, **10**
chemisier: *m.* blouse, **10**
cher / chère: expensive, dear, **13**
chercher: to look for, **2**
chercher une situation: to look for a job, **12**
chercheur: *m.* researcher, **12**
cheveux / se brosser les cheveux / De quelle couleur sont vos cheveux?: *m pl,* hair / to brush your hair / What color is your hair?, **4**
cheville: *f.* ankle, **10**
chez: at someone's house, **6**
chimie: *f.* chemistry, **pré, 11**
Chine: *f.* China, **2**
chinois: *m.* Chinese, **11**
chinois(e): Chinese, **2**
choisir: to choose, **5**
chômage: *m.* unemployment, **12**
chômeur / chômeuse: *m / f.* unemployed person, **12**
chou: *m.* cabbage, **5**
cicatrice: *f.* scar, **4**
cinéma / aller au cinéma: *m.* movie theater, cinema / to go to the movies, **3, 6, 9**
cinq: five, **1**
cinquante: fifty, **1**
cinquième: fifth, **6**
citron: *m.* lemon, **5**
clair(e): bright, full of light, **8**
classe / en classe / la salle de classe: *f.* class / in class / classroom, **1**
clavier: *m.* keyboard, **9**
client / cliente: *m / f.* client, customer, **12**
cliquer: to click, **9**
coca-cola: *m.* cola, **5**
coiffeur / coiffeuse: *m / f.* hair dresser, **1, 12**
coiffure / Comment est-il coiffé?: *f.* hairstyle / What is his hair like?, **4**
coin / au coin (de): *m.* corner / at the corner of, **6**
collège: *m.* junior high, middle school, **6, 11**
comédie: *f.* comedy (movie, play), **9**
comédie musicale: *f.* musical comedy, **9**
comique: funny, **9**
commander / au café, on commande…: to order / at the café, you order…, **5**

comment: how, **2**
commerçant / commerçante: *m / f.* shopkeeper, store owner, **12**
commerce / petits commerces: *m.* business, trade / small businesses, **pré, 6**
commode: *f.* chest of drawers, **8**
communication: *f.* communications (subject matter), **11**
communications: *f pl*, communications, **9**
compétitif / compétitive: competitive, **4**
comprendre: to understand, **1, 5, 11**
comptabilité: *m / f.* accounting, **pré, 11**
comptable: *m.* accountant, **12**
compte (bancaire): *m.* account, (bank) account, **13**
concert / aller au concert: *m.* concert / to go to a concert, **3, 9**
concombre: *m.* cucumber, **5**
concours (d'entrée): *m.* competitive entrance exam, **11**
concubinage: *m.* living together out of wedlock, **13**
confortable: comfortable, **8**
congé: *m.* vacation day, **12**
congélateur: *m.* freezer, **8**
continent: *m.* continent, **2**
continuer: to continue, **6**
contrôle: *m.* test, exam, **11**
copain / copine: *m / f.* friend; boyfriend / girlfriend, **2**
copie: *f.* student paper, **11**
coq au vin: *m.* chicken (rooster) stewed in red wine, **5**
corps (invariable): *m.* body, **10**
corriger: to correct, **11**
corsaire: *m.* crop pants, **10**
Corse: *f.* Corsica, **3**
costume: *m.* costume / man's suit, **7, 10**
côté / à côté (de): *m.* side / beside, next to **6**
côte / sur la côte: *f.* coast / on the coast, **3**
Côte d'Azur: *f.* the Riviera, **3**
côtelette / une côtelette de porc: *f.* cutlet, chop / a pork chop, **5**
cou: *m.* neck, **4, 10**
se coucher: to go to bed, **4**
coude: *m.* elbow, **10**
couleur: *f.* color, **4**
couloir: *m.* hallway, **8**
coup de foudre: *m.* love at first sight, **13**
couple: *m.* couple, **13**
courgette: *f.* zucchini, **5**
courrier électronique: *m.* e-mail, **9**
cours (invariable) / cours (de maths…) / aller en cours: *m.* class, course / class (math class…) / to attend class, **11**
cours magistral / des cours magistraux: *m.* large lecture class, **11**
course / faire des courses: *f.* errand / to do errands, **8**
course à pied / faire de la course à pied: *f.* running / to go running, **10**
court(e): short, **4**
couteau / un couteau de: *m.* knife / a knife of, a knifeful, **5**
coûter: to cost, **13**
coutume: *f.* custom, **7**

couturier / couturière: *m / f.* fashion designer, seamstress, **12**
craie: *f.* chalk, **1**
cravate: *f.* tie, **10**
crayon: *m.* pencil, **1**
créatif / créative : creative, **4**
crème brûlée: *f.* crème brûlée, **5**
crème caramel: *f.* caramel custard, **5**
crêpe: *f.* crepe, **7**
critique (de films, d'art, etc.): *m, f.* critic (film, art, etc.), **12**
croire: to believe, **5**
croissant: *m.* croissant, **5**
croque-madame: *m.* croque-monsieur with a fried egg, **5**
croque-monsieur: *m.* toasted cheese sandwich with ham, **5**
crudités: *f.pl*, raw vegetables with vinaigrette, **5**
cuillère / une cuillère de: *f.* spoon / a spoonful of, **5**
cuisine / dans la cuisine / faire la cuisine: *f.* kitchen, cooking / in the kitchen / to cook, **5, 8**
cuisinier / cuisinière: *m / f.* cook, **12**
cuisinière: *f.* stove, **8**
curieux / curieuse: curious, **4**
curriculum vitae (CV): *m.* résumé, **12**
cyclisme / faire du cyclisme: *m.* cycling / to go cycling, **10**
danser: to dance, **2**
date / Quelle est la date?: *f.* date / What's the date?, **1**
débrouillard(e): resourceful, **4**
décembre: *m.* December, **1**
décontracté(e): casual, **10**
se décourager: to be discouraged, **11**
décrocher: to pick up/answer (the phone), **9**
défilé (militaire): *m.* parade, (military) parade, **7**
défilé de mode: *m.* fashion show, **10**
déjeuner: *m.* lunch, **5**
déjeuner: to have lunch, **5**
délicieux / délicieuse: delicious, **5**
demain / à demain: tomorrow / see you tomorrow, **1**
demande d'emploi / faire une demande d'emploi: *f.* job application / to apply for a job, **12**
demander: to ask (for), **6**
déménager: to move (change residences), **8**
dépenses : expenses, **13**
démodé(e): out of style, **10**
dent / dents / se brosser les dents: *f.* tooth / teeth / to brush your teeth, **4**
dentiste: *m, f.* dentist, **1, 12**
dépasser son budget: to go beyond one's budget, **13**
se dépêcher: to hurry, **4, 8**
dépenser: to spend, **13**
dépensier / dépensière: *m / f.* spendthrift, **13**
se déplacer (en ville): to get around (town), **6**
dernier / dernière: last, **1, 11**
derrière: behind, **6**
derrière: *m.* rear, behind, **10**
désagréable: unpleasant, **4**
descendre: to go down, to go downstairs, **6**
désordre / en désordre: *m.* disorderliness / messy, **8**
dessert: *m.* dessert, **5**
dessin: *m.* drawing, design, **11**

dessin animé: *m.* cartoon, **9**
se détendre: to relax, **10**
détester: to detest, **2**
deux: two, **1**
deuxième: second, **6**
devant: in front of, **6**
devoirs: *m pl,* homework, **1, 11**
dialoguer en direct: to chat on-line, **9**
dictionnaire: *m.* dictionary, **1**
difficile / Il est difficile de: difficult / It is difficult (to)..., **10**
dimanche: *m.* Sunday, **1**
dinde: *f.* turkey, **5**
dîner: *m.* dinner, supper, **5**
dîner: to have dinner, **5**
diplôme: *m.* diploma, degree, **11**
discipliné(e): disciplined, **10**
disc-jockey / DJ: *m.* dee-jay, **9**
discothèque: *f.* dance club, disco, nightclub, **3, 6**
se disputer: to argue (with one another), **8**
distributeur (automatique de billets): *m.* ATM (automatic teller machine), **13**
divorcer: to divorce, to get divorced, **13**
dix: ten, **1**
dix-huit: eighteen, **1**
dix-huitième: eighteenth, **6**
dixième: tenth, **6**
dix-neuf: nineteen, **1**
dix-neuvième: nineteenth, **6**
dix-sept: seventeen, **1**
dix-septième: seventeenth, **6**
DJ / disc-jockey: *m.* dee-jay, **9**
documentaire: *m.* documentary, **9**
doigt: *m.* finger, **10**
donner: to give, **7**
dormir: to sleep, **3**
dos: *m.* back, **10**
douche: *f.* shower, **8**
douzaine / une douzaine d'oeufs: *f.* dozen / a dozen eggs, **5**
douze: twelve, **1**
douzième: twelfth, **6**
draguer: to try to pick up, to hit on, to flirt, **13**
drame: *m.* drama, **9**
droit: *m.* law, **11**
droit(e) / à droite (de), sur votre droite / tout droit: right / on the right / straight ahead, **6**
drôle: funny, **4**
dur(e): hard, tough, **12**
durer: to last, **9**
dynamique: dynamic, **12**
eau / eau minérale: *f.* water / mineral water, **5**
échecs / jouer aux échecs: *m pl,* chess / to play chess, **10**
école: *f.* school, **6**
Ecole de commerce: *f.* business school, **11**
e-commerce: *m.* e-commerce, **9**
économe: economical, frugal, **13**
économie: *f.* economics, **11**
écouter: to listen to..., **2**
écouter en direct: to listen to a live broadcast, **9**
écran: *m.* monitor, **9**

écrivain: *m.* writer, **12**
écureuil: *m.* squirrel, **pré**
église: *f.* church, **6**
égoïste: selfish, **4**
email : *m.* e-mail, **9**
embaucher / être embauché(e): to hire / to be hired, **12**
embrasser : to kiss, **2**
s'embrasser: to kiss each other, **13**
émission: *f.* show, **9**
émission de variétés: *f.* variety show, **9**
emmener: to take somebody (along), **3**
emploi: *m.* job, **12**
emploi du temps: *m.* schedule, **11**
employé / employée (de bureau): *m / f.* employee (office employee), **12**
emprunt-étudiant : *m.* student loan, **13**
emprunt-logement: *m.* mortgage, **13**
enfant: *m, f.* child, **2**
en-ligne: online, **9**
s'ennuyer: to be, bored, **4, 8**
ennuyeux / ennuyeuse: boring, **4, 9**
enseignant: *m.* teacher, **12**
entendre: to hear, **6**
s'entendre: to get along (with one another), **8**
enthousiaste: enthusiastic, **4**
entrée: *f.* first course, **5,** entranceway, **8**
entreprise: *f.* firm, business, **12**
entrer: to enter, **6**
entretien: *m.* interview, **12**
épice: *f.* spice, **5**
épicé(e): spicy, **5**
épicerie / à l'épicerie: *f.* grocery store / at the grocery store, **5, 6**
épicier / épicière / chez l'épicier : *m / f.* grocer / at the grocer's, **5**
épinard: *m.* spinach, **5**
EPS (éducation physique et sportive) : *f.* physical education, **11**
escalade / faire de l'escalade: *f.* rock-climbing / to go rock-climbing, **10**
escalier: *m.* staircase, stairs, **8**
escargot: *m.* snail, **pré**
Espagne: *f.* Spain, **2**
espagnol: *m.* Spanish, **pré, 11**
espagnol(e): Spanish, **2**
espérer: to hope, **3**
essayer: to try, **3**
essentiel / essentielle / Il est essentiel de: essential / It is essential (to), **10**
est / dans l'est, à l'est: *m.* east / in the east, **3**
étagère: *f.* bookcase, **8**
Etats Unis: *m pl,* United States, **2**
été / en été: *m.* summer / in the summer, **3**
étranger / étrangère: foreign, **9**
être accro à (l'internet, à la télé…)[slang]: to be, addicted, to have a habit, **9**
être au régime: to be on a diet, **10**
être bon(ne) en: to be good in/at, **11**
être de bonne humeur : to be in a good mood, **4**
être de mauvaise humeur: to be in a bad mood, **4**
être embauché(e): to be hired, **12**

être en forme: to be in shape, **10**
être en solde: to be on sale, **13**
être fauché(e) [slang]: to be broke, **13**
être licencié(e): to be laid off, **12**
être mauvais(e) en: to be bad in/at, **11**
être mis(e) à la porte: to be fired, **12**
être muté(e): to be transferred, **12**
être nul(le) en [slang]: to to suck in/at [slang], **11**
étude / études secondaires / études supérieures: *f.* study / high school studies / university studies, **11**
étudiant / étudiante / Je suis étudiant(e) en... (français, maths, etc.): *m / f.* student / I am a student in...(French, math, etc.), **pré**
étudier: to study, **2**
euro: *m.* euro (currency), **13**
Europe: *f.* Europe, **2**
européen(ne): European, **2**
évier: *m.* sink, **8**
examen: *m.* test, exam, **1, 11**
exercice: *m.* exercise, **1**
exposé oral: *m.* paper / presentation, **11**
exposition: *f.* exhibition, show, **3**
expression / expressions de quantité: *f.* expression / expressions of quantity, **5**
expression impersonnelle: *f.* impersonal expression, **10**
fac: *f.* college, university, **11**
face / en face (de): *f.* side, face / facing, opposite, **6**
se fâcher: to get, angry, **4, 8**
facile / Il est facile de: easy / It is easy (to)..., **10**
facteur: *m.* mail carrier, **12**
facture / facture de téléphone: *f.* bill / telephone bill, **13**
Faculté de droit: *f.* law school, **11**
Faculté de médecine: *f.* school of medicine, **11**
Faculté de pharmacie: *f.* school of pharmacy, **11**
Faculté des Beaux-Arts: *f.* school of fine arts, **11**
Faculté des lettres et des sciences humaines: *f.* school of humanities/liberal arts, **11**
Faculté des sciences: *f.* school of sciences, **11**
faire de l'aérobique: to do, aerobics, **10**
faire de l'escalade: to go, rock-climbing, **10**
faire de la bicyclette: to go, bicycle riding, **3**
faire de la course à pied: to go, running, **10**
faire de la musculation: to train with weights, **10**
faire de la natation: to go, swimming, **10**
faire de la peinture: to paint (art), **10**
faire de la planche à voile: to go, windsurfing, sailboarding, **3, 10**
faire de la randonnée: to go, hiking, **10**
faire de la voile: to go, sailing, **3**
faire des achats: to go, shopping, **8**
faire des courses: to do, errands, **8**
faire des économies: to save money, **13**
faire des progrès: to improve, **11**
faire des randonnées: to go, hiking, **3**
faire du bateau: to go, boating, **3**
faire du canoë: to go, canoeing, **10**
faire du cyclisme: to go, cycling, **10**
faire du footing: to go, running, **10**
faire du kayak: to go, kayaking, **10**
faire du roller: to go, roller blading, **10**

faire du ski: to go, skiing, **3, 10**
faire du sport: to exercise, **10**
faire du vélo: to go, cycling, **3**
faire la cuisine: to cook, **5, 8**
faire la fête: to party, **7**
faire la lessive: to do laundry, **8**
faire la vaisselle: to do the dishes, **5, 8**
faire le lit: to make the bed, **8**
faire le marché: to do the grocery shopping, **5, 8**
faire le ménage: to do housework, **8**
faire le pont: literally 'to make a bridge' - The French often take an extra day off from work when a holiday falls on Tuesday or Thursday. If the holiday falls on Tuesday, they take Monday off, and if the holiday falls on Thursday, they take Friday off thus, **7**
faire ses devoirs: to do one's homework, **11**
faire un budget: to establish a budget, **13**
faire un don: to make a donation, **13**
faire un effort: to make an effort, **11**
faire un poisson d'avril: to play a joke (on someone), **7**
faire un régime: to be on a diet, **5, 10**
faire une demande d'emploi: to apply for a job, **12**
faire une promenade: to go for a, walk, to take a walk, **3, 10**
falloir / Il faut + infinitive: to be, necessary, must, have to (obligation) / It is necessary (to), **10**
famille: *f.* family, **2**
famille étendue: *f.* extended family, **2**
fatigant(e) / Il est fatigant de: tiring, annoying / It is tiring/annoying (to)..., **10**
fauteuil: *m.* armchair, **8**
femme: *f.* woman, wife, **2**
femme au foyer: *f.* housewife, **12**
fenêtre: *f.* window, **1, 8**
fesses: *f pl*, buttocks, **10**
fête / fêtes / Bonne fête!: *f.* saint's day, celebration, party / holidays / Happy Saint's Day!, **7**
fête des mères: *f.* Mother's Day, **7**
fête des pères: *f.* Father's Day, **7**
fête du Travail, le 1er mai: *f.* Labor Day, **7**
fête nationale, le 14 juillet: *f.* Bastille Day, French National Day, **7**
fêter: to celebrate, **7**
feuilleton: *m.* series, **9**
feux d'artifice: *m pl*, fireworks, **7**
février: *m.* February, **1**
fiançailles : *pl*, engagement, **13**
fiancé / fiancée: *m / f.* fiancé / fiancée, **2**
se fiancer: to get engaged, **13**
fiche d'identité: *f.* identification form, **2**
fille: *f.* daughter, **2**
fille unique: *f.* only child (female), **2**
film: *m.* movie, **9**
film d'amour: *m.* romantic movie, **9**
film d'aventures: *m.* adventure movie, **9**
film d'épouvante: *m.* horror movie, **9**
film d'action: *m.* action film, **9**
film de science-fiction: *m.* science-fiction movie, **9**
film d'horreur: *m.* horror movie, **9**
film policier: *m.* detective/police movie, **9**
fils: *m.* son, **2**

fils unique: *m.* only child (male), **2**
finances: *f pl*, finances, **13**
finir: to finish, **5**
fleuve: *m.* major river (that flows to the sea), **3, 6**
fonctionnaire: *m, f.* civil servant, government worker, **12**
fondant au chocolat: *m.* rich chocolate flourless cake, **5**
football: *m.* soccer, **2**
footing / faire du footing: *m.* running / to go running, **2, 10**
forêt: *f.* forest, **3**
formation: *f.* education, training, **12**
forme / Quelle est la forme de son visage?: *f.* form, shape, fitness / What's the shape of his face?, **4, 10**
formulaire: *m.* form, **12**
forum: *m.* bulletin board, newsgroup, **9**
fou / folle : crazy, **4**
four: *m.* oven, **8**
four à micro-ondes: *m.* microwave, **8**
fourchette / une forchette de: *f.* fork / a forkful of, **5**
fourmi: *f.* ant, **pré**
frais: *m pl*, fees, **13**
frais / fraîche: fresh, **5**
frais / Il fait frais.: cool (weather) / It's cool (weather)., **3**
frais de crèche: *m pl*, child-care expenses, **13**
frais de garderie: *m pl*, child-care expenses, **13**
frais de scolarité: *m pl*, tuition, education expenses, **13**
fraise: *f.* strawberry, **5**
framboise: *f.* raspberry, **5**
franc: *m.* franc (currency), **13**
franc / franche : frank, **4**
français: *m.* French, **pré, 11**
français(e): French, **2**
France: *f.* France, **2**
frère: *m.* brother, **2**
frigo: *m.* fridge, **8**
froid(e) / Il fait froid.: cold / It's cold (weather)., **3**
fromage: *m.* cheese, **5**
front: *m.* forehead, **4**
fruit: *m.* fruit, **5**
fumer: to smoke, **10**
gagner / gagner sa vie / gagner de l'argent: to earn, to win / to earn a living / to earn money, **12**
garage: *m.* garage, **8**
gare: *f.* train station, **6**
Garonne: *f.* Garonne (river), **3**
gaspiller: to waste, **13**
gâteau / gâteau au chocolat: *m.* cake / chocolate cake, **5, 7**
gauche / à gauche (de), sur votre gauche: left / on the left, **6**
Gémeaux: *m pl*, Gemini, **13**
généreux / généreuse: generous, **4, 13**
genou: *m.* knee, **10**
gens: *m pl*, people, **4**
gentil / gentille: kind, nice, **4**
géographie: *f.* geography, **pré, 3, 11**
gérer: to manage, direct, organize, **12**
gestion: *f.* management, **12**

gilet: *m.* button-up sweater, **10**
glace: *f.* ice cream, **5**
golf: *m.* golf, **2**
gorge: *f.* throat, **10**
goûter: *m.* snack, **5**
gramme / 50 grammes de: *m.* gram / 50 grams of , **5**
grand amour: *m*, the, love of one's life, **13**
grand(e): tall, big, **4**
grande école: *f.* elite professional school, **11**
grandir: to grow up, **5**
grand-mère: *f.* grandmother, **2**
grand-père: *m.* grandfather, **2**
grands-parents: *m pl*, grandparents, **2**
gratuit(e): free, **9**
grenier: *m.* attic, **8**
grillé(e): grilled, **5**
grippe: *f.* the flu, **10**
gris(e): gray, **4**
gros / grosse : big, fat, **4**
grossir: to gain weight, **5, 10**
gui: *m.* mistletoe, **7**
guitare / jouer de la guitare: *f.* guitar / to play the guitar, **2**
guyanais(e) : Guyanese, **2**
Guyane française: *f.* French Guyana, **2**
habillé(e): dressy, **10**
s' habiller: to dress (oneself), to get dressed, **4, 10**
habiter: to live, **2**
haché(e): chopped, **5**
hall d'entrée: *m.* foyer, **8**
Halloween: Halloween, **7**
Hanouka: Hannukah, **7**
haricot vert*: *m.* green bean, **5**
héritage: *m.* inheritance, **13**
heure / l'heure officielle: *f.* time (the), hour / official time, **2**
heureux / heureuse : happy, **4**
Hexagone: *m.* France, **3**
hip-hop: *m.* hip-hop, **2**
histoire: *f.* history, **pré, 11**
hiver / en hiver: *m.* winter / in the winter, **3**
homme: *m.* man, **2**
honnête: honest, **4, 12**
hôpital: *m.* hospital , **6**
horoscope: *m.* horoscope, **13**
hôtel: *m.* hotel, **6**
hôtel de ville : *m.* city hall, mayor's office, **6**
huile: *f.* oil, **5**
huit: eight, **1**
huitième: eighth, **6**
humeur / être de bonne humeur / être de mauvaise humeur: *f.* mood, humor / to be in a good mood / to be in a bad mood, **4**
hypocrite: hypocritical, **4**
idéaliste: idealistic, **4**
Il y a: There is, there are…, **1**
Ile de France (la région parisienne): *f.* Ile de France (Parisian region), **3**
immeuble: *m.* apartment building, **6**
imperméable: *m.* raincoat, **10**
important(e) / Il est important de: important / It is important (to), **10**

impôt / payer des impôts: *m.* tax / to pay taxes, **12, 13**
incapable: incapable, incompetent, **4**
indices (i.e., le CAC 40): *m pl*, indices (i.e., DJIA, NASDAQ), **13**
indifférent(e): indifferent, **4**
indispensable / Il est indispensable de: essential / It is essential (to), **10**
infirmier / infirmière: *m / f.* nurse, **12**
informaticien / informaticienne: *m / f.* computer scientist, **12**
informations: *f pl*, news, **9**
informatique: *f.* computer science, **pré, 11**
ingénieur: *m.* engineer, **1, 12**
s' inquiéter: to worry, **8**
s' inscrire (à la fac, au ciné-club…): to register/enroll (in college, in the film club...), **11**
instituteur / institutrice: *m / f.* teacher (elementary school), **12**
intelligent(e): intelligent, **4**
intéressant(e): interesting, **4**
internaute: *m.* internet user, **9**
internet: *m.* internet, **9**
interrogatif / interrogative: interrogative, **2**
inutile: useless, **12**
inviter: to invite, **7**
Italie: *f.* Italy, **2**
italien: *m.* Italian, **11**
italien(ne): Italian, **2**
jambe: *f.* leg, **10**
jambon: *m.* ham, **5**
janvier: *m.* January, **1**
Japon: *m.* Japan, **2**
japonais(e): Japanese, **2**
jardin / jardin public: *m.* garden, yard / park, large garden, **6, 8**
jaune: yellow, **4**
jazz: *m.* jazz, **2**
jean: *m.* jeans, **10**
jeu télévisé: *m.* game show, **9**
jeudi: *m.* Thursday, **1**
jeune: young, **4**
job: *m.* job, **12**
joli(e): pretty, **4**
joue: *f.* cheek, **4**
jouer…au foot / au tennis / aux cartes / aux échecs / de la guitare / du piano / : to play… soccer / tennis / cards / chess / guitar / piano, **2, 10**
jour: *m.* day, **1**
Jour de l'An, le premier janvier / Bonne Année!: *m.* New Year's Day / Happy New Year!, **7**
jour férié: *m.* national holiday, **7**
journal (national, régional): *m.* news, newspaper (national, regional), **9**
journaliste: *m, f.* reporter, journalist, **1, 12**
Joyeuses Pâques!: Happy Easter!, **7**
Joyeux Noël!: Merry Christmas! , **7**
juillet: *m.* July, **1**
juin: *m.* June, **1**
jupe: *f.* skirt, **10**
Jura: *m.* Jura (mountains), **3**
juriste: *m, f.* attorney, **12**

jus / jus de fruit: *m.* juice / fruit juice, **5**
kayak / faire du kayak: *m.* kayaking / to go kayaking, **10**
kilo / un kilo de: *m.* kilo / a kilo of, **5**
kinésithérapeute: *m.* chiropractor, physical therapist, **12**
kiné: *m.* chiropractor, physical therapist, **12**
kiosque (à journaux): *m.* news stand, **9**
laboratoire / labo / au labo: *m.* laboratory / lab / in the lab, **1, 11**
lac: *m.* lake, **3**
laisser: to leave, **9**
lait: *m.* milk, **5**
laitue: *f.* lettuce, **5**
lampe: *f.* lamp, **8**
langue: *f.* language, **pré, 11**
latin: *m.* Latin, **11**
lavabo: *m.* sink, **8**
lave-linge: *m.* washing machine, **8**
se laver: to wash (oneself), **4**
laverie: *f.* launderette, **6**
lave-vaisselle: *m.* dishwasher, **8**
légume: *m.* vegetable, **5**
lessive / faire la lessive: *f.* laundry detergent / to do laundry, **8**
lettre de motivation: *f.* cover letter (to accompany a CV), **12**
se lever: to get up, **4**
librairie : *f.* bookstore , **6**
licencier / être licencié(e): to lay off / to be laid off, **12**
lien: *m.* link, **9**
lieu: *m.* place, **3**
lingerie / dans la lingerie: *f.* laundry room / in the laundry room, **8**
linguistique: *f.* linguistics, **11**
Lion: *m.* Leo, **13**
lire: to read, **2**
lit / faire le lit: *m.* bed / to make the bed, **8**
litre / un litre de: *m.* liter / a liter of, **5**
littérature: *f.* literature, **pré, 11**
living: *m.* living room, **8**
livre: *m.* book, **1, 9**
logement: *m.* housing, **13**
loin (de): far, **6**
Loire: *f.* Loire (river), **3**
long / longue: long, **4**
Lorraine: *f.* Lorraine, **3**
louer: to rent, **13**
loyer: *m.* rent, **13**
lundi: *m.* Monday, **1**
lunettes: *f pl*, glasses, **4**
lunettes de soleil: *f pl*, sunglasses, **10**
lycée: *m.* high school, **6, 11**
lycéen / lycéenne: *m / f.* high school student, **11**
Madame / Mesdames: *f.* Ma'am (Mrs.) / ladies, **1**
Mademoiselle / Mesdemoiselles: *f.* Miss / ladies (unmarried), **1**
magasin (de musique, de vidéo, etc.): *m.* store (music, video, etc.), **6**
magazine: *m.* magazine, **9**

magazine d'actualités (à la télévision): *m.* news show, **9**
magnétoscope: *m.* videocassette recorder, VCR, **9**
mai: *m.* May, **1**
maigre: thin, skinny, **4**
maigrir: to lose weight, **5**
mail: *m.* e-mail, **9**
maillot de bain: *m.* swimsuit, **10**
main: *f.* hand, **10**
maintenant: now, **2**
mairie : *f.* city hall, mayor's office, **6**
maison / à la maison: *f.* house / at home, **6, 8**
malade / tomber malade: sick / to get sick, **10**
maladie: *f.* illness, **10**
malhonnête: dishonest, **4**
Manche: *f.* English Channel, **3**
manger: to eat, **3**
manteau: *m.* coat, **10**
se maquiller: to put on make-up, **4**
marché / au marché: *m.* market / at the market, **5**
marché du travail: *m.* job market, **12**
marcher: to walk, **6**
mardi: *m.* Tuesday, **1**
mari: *m.* husband, **2**
mariage: *m.* marriage, wedding, **13**
se marier: to marry, to get married, **13**
Maroc: *m.* Morocco, **2**
marocain(e): Moroccan, **2**
marque: *f.* brand, **10**
marrant(e): funny, **9**
marron (invariable): brown, **4**
mars: *m.* March, **1**
Massif Central: *m.* Massif Central, **3**
mathématiques / maths: *f pl*, math, **pré, 11**
matière: *f.* subject (school), **pré, 11**
matin: *m.* morning, **1**
mauvais(e) / Il fait mauvais.: bad / It's bad (weather)., **3, 4**
mayonnaise: *f.* mayonnaise, **5**
médecin: *m.* doctor, physician, **1, 12**
médecine: *f.* medicine, **11**
médias: *m pl*, media, **9**
médicament: *m.* medicine, **10**
Meilleurs Voeux!: Best wishes!, **7**
mémoire: *m.* term paper, **11**
ménage / faire le ménage: *m.* housekeeping, **8**
menton: *m.* chin, **4**
mer: *f.* sea, **3**
mer Méditerranée: *f.* Mediterranean Sea, **3**
mercredi: *m.* Wednesday, **1**
mère: *f.* mother, **2**
message: *m.* message, **9**
messe: *f.* mass, **7**
météo: *f.* weather report, **9**
métier: *m.* profession, career, job, **12**
métro / en métro: *m.* metro / by metro, **3**
mettre: to put (on), **10**
mettre à jour: to update, **13**
mettre à la porte / être mis(e) à la porte: to fire / to be fired, **12**
mettre de côté: to put aside, to save, **13**
meuble / meubles: *m.* piece of furniture / furniture, **8**

mexicain(e): Mexican, **2**
Mexique: *m.* Mexico, **2**
mignon / mignonne: cute, **4**
migraine: *f.* migraine headache, **10**
militaire: *m.* person in the armed services, **12**
million (1.000.000): *m.* million (one million), **3**
mince : thin, slender, **4**
mincir: to lose weight, **10**
ministre: *m.* government minister, **12**
minitel: *m.* terminal connected to the French telecommunications system, **9**
miroir: *m.* mirror, **8**
mode / à la mode: *f.* fashion / in fashion, **10**
moderne: modern, **8**
mois: *m.* month, **1**
monde / monde du travail: *m.* world / working world, **12**
Monsieur / Messieurs: *m.* Sir / gentlemen, **1**
montagne: *f.* mountain, **3**
monter: to go up, to go upstairs, to climb, **6**
montrer: to show, **9**
monument: *m.* monument , **3**
moquette: *f.* carpet (wall to wall), **8**
morceau / un morceau de: *m.* piece / a piece of, **5**
mosquée: *f.* mosque, **6**
mot / mots interrogatifs: *m.* mot / interrogative words, **2**
mot de passe: *m.* password, **9**
moteur de recherche: *m.* search engine, **9**
moto / à moto : *f.* motorcycle / by motorcycle, **3**
mourir: to die, **6**
mousse au chocolat: *f.* chocolate mousse, **5**
moutarde: *f.* mustard, **5**
moyenne: *f.* passing grade, **11**
muguet: *m.* lily of the valley, **7**
musculation / faire de la musculation: *f.* weight training / to train with weights, **10**
musée: *m.* museum, **3, 6**
musicien / musicienne: *m / f.* musician, **12**
musique / musique classique: *f.* music / classical music, **pré, 2, 11**
nager: to swim, **2, 3**
naïf / naïve: naive, **4**
naître: to be , born, **6**
natation / faire de la natation: *f.* swimming / to go swimming, **10**
nationalité: *f.* nationality, **2**
naviguer: to navigate, **9**
ne...jamais: never (Refer to Tex's French Grammar: Negation – Alternate forms of negation for correct formation and use.), **2**
nécessaire / Il est nécessaire de: necessary / It is necessary (to), **10**
neiger / Il neige.: to snow / It's snowing., **3**
nerveux / nerveuse: nervous, **4**
neuf: nine, **1**
neuvième: ninth, **6**
neveu: *m.* nephew, **2**
nez: *m.* nose, **4, 10**
nièce: *f.* niece, **2**
noces: *f pl*, wedding, **7**

Noël, le 25 décembre / Joyeux Noël!: *m.* Christmas / Merry Christmas!, **7**
noir(e): black, **4**
noix: *f.* walnut, **5**
nom (de famille): *m.* last name, **2**
nombre / nombres cardinaux / nombres ordinaux: *m.* number / cardinal numbers / ordinal numbers, **1, 3, 6**
non-alcoolisé(e) / boisson non-alcoolisée (f): non-alcoholic / non-alcoholic beverage, **5**
nord / dans le nord, au nord: *m.* north / in the north, **3**
Normandie: *f.* Normandy, **3**
note: *f.* grade, **11**
noter: to assign a grade, **11**
nouveau / nouvel / nouvelle: new, **4**
novembre: *m.* November, **1**
nuage / Il y a des nuages.: *m.* cloud / It's cloudy., **3**
numéro de téléphone: *m.* phone number, **9**
obéir à: to obey, **5**
(d') occasion: second-hand, **12**
occupé(e): busy, **11**
océan: *m.* ocean, **3**
océan Atlantique: *m.* Atlantic Ocean, **3**
Océanie: *f.* Oceania (the South Sea Islands), **2**
octobre: *m.* October, **1**
œil / yeux: *m.* eye / eyes, **4, 10**
oeuf: *m.* egg, **5**
office du tourisme: *m.* chamber of commerce, **6**
officiel / officielle: official, **1**
offrir: to give, to offer, **7, 13**
oignon: *m.* onion, **5**
omelette (aux fines herbes, au fromage, etc): *f.* omelette (with herbs, cheese), **5**
oncle: *m.* uncle, **2**
onze: eleven, **1**
onzième: eleventh, **6**
opticien / opticienne: *m / f.* optician, **12**
optimiste: optimistic, **4**
orage / Il y a des orages.: *m.* storm / There are storms., **3**
orange: *f.* orange, **5**
orange (invariable): orange (color), **4**
ordinateur: *m.* computer, **1, 8, 9**
ordre / en ordre: *m.* order / straightened up, **8**
oreille: *f.* ear, **4, 10**
s' orienter: to get your bearings, **6**
où: where, **2**
oublier: to forget, **2**
ouest / dans l'ouest, à l'ouest: *m.* west / in the west, **3**
ouvrier / ouvrière: *m / f.* blue collar worker, **12**
ouvrir: to open, **7**
P.D.G. (Président Directeur Général): *m.* CEO, **12**
PACS: *m.* PACS contract, **13**
se pacser: to enter a PACS contract, **13**
page d'accueil: *f.* homepage, **9**
pain: *m.* bread, **5**
pamplemousse: *m.* grapefruit, **5**
pantalon: *m.* pants (a pair of), **10**
papeterie: *f.* paper/stationery store, **6**
pâque juive / Pessach: *f.* Passover, **7**

Pâques / Joyeuses Pâques!: *m, f pl,* Easter / Happy Easter!, **7**
parc: *m.* park, **3, 6**
parce que: because, **2**
parents: *m pl,* parents, relatives, **2**
paresseux / paresseuse: lazy, **4**
parfois: at times, **2**
parking: *m.* parking lot, **6**
parler: to speak, **2**
se parler: to talk to (one another), **8**
partager: to share, **3**
partir: to leave, **3, 6**
pas / à deux pas (de): *m.* step / just a step from, **6**
passer: to pass, to go by (intransitive), to spend (time), **6, 9**
se passer de: to do without, **13**
passer l'aspirateur: to vacuum, to pass the vacuum cleaner, **8**
passer les vacances: *f pl,* spend a vacation, **3**
passer un examen: to take an exam, **11**
passe-temps (invariable): *m.* pastime, **2, 10**
passionnant(e): enthralling, fascinating, **12**
pâté: *m.* pâté, **5**
patient(e): patient, **4**
pâtisserie: *f.* pastry, pastry shop, **5, 6**
pâtissier / pâtissière / chez le pâtissier: *m / f.* pastry chef / at the pastry chef's, **5**
patron / patronne: *m / f.* boss, **12**
payer / payer des impôts: to pay / to pay taxes, **12**
pays: *m.* country, **2**
pêche: *f.* peach, **5**
peintre: *m.* painter, **12**
peinture: *f.* painting, **11**
peinture / faire de la peinture: *m.* painting / to paint (art), **10**
perdre: to lose, **6**
père: *m.* father, **2**
Père Noël: *m.* Santa Claus, **7**
personnalité (de la télévision, du cinéma, de la radio…): *f.* celebrity, **9**
personne: *f.* person, **3**
personnel / personnelles: personal, **2**
peser / Combien pesez-vous? (Je fais 55 kilos.): to weigh / How much do you weigh? (I weigh 55 kilos.), **4**
Pessach / la pâque juive: Passover, **7**
pessimiste: pessimistic, **4**
petit déjeuner: *m.* breakfast, **5**
petit pain: *m.* roll, **5**
petit(e): little, **4**
petite annonce: *f.* classified ad, **9, 12**
petit-enfant: *m.* grandchild, **2**
petits commerces: *m pl,* small businesses, **6**
petits pois: *m pl,* peas, **5**
peu / un peu / un peu de : little / a little / a little (+ noun), **2, 5**
pharmacie: *f.* pharmacy, **6, 11**
pharmacien /pharmacienne: *m / f.* pharmacist, **12**
philosophie: *f.* philosophy, **pré, 11**
physique: physical, **4**
physique: *f.* physics, **11**
piano / jouer du piano: *m.* piano / to play the piano, **2**

pichet / un pichet de: *m.* pitcher / a pitcher of, **5**
pièce: *f.* room (general term), **8**
pied / à pied: *m.* foot / on foot, **3, 10**
piercing: *m.* body piercing, **4**
pique-nique: *m.* picnic, **7**
placard: *m.* closet, cabinet, **8**
place: *f.* public square, **6**
plage : *f.* beach, **3**
plaisanter: to joke, **7**
planche à voile / faire de la planche à voile: *f.* sailboarding, windsurfing / to go sailboarding/windsurfing, **3, 10**
plat principal: *m.* main course, **5**
pleuvoir / Il pleut.: to rain / It's raining., **3**
plus tard: later, **2**
poignet: *m.* wrist, **10**
points cardinaux: *m pl*, points of the compass, **3**
pointu(e) / Il a le nez pointu.: pointed / He has a snub nose., **4**
poire: *f.* pear, **5**
poireau: *m.* leek, **5**
poisson: *m.* fish, **5**
Poisson d'avril!: April Fool!, **7**
poissonnerie / à la poissonnerie: *f.* seafood shop / at the seafood shop, **5**
poissonnier / poissonnière / chez le poissonnier: *m / f.* fish merchant / at the fish merchant's, **5**
Poissons: *m pl*, Pisces, **13**
poitrine: *f.* chest, **10**
poivre: *m.* pepper, **5**
poivron vert: *m.* green pepper, **5**
policier: *m.* police officer, **12**
polo: *m.* polo shirt, **10**
pomme: *f.* apple, **5**
pomme de terre: *f.* potato **5**
pont: *m.* bridge, **6**
porc: *m.* pork, **5**
portable: *m.* laptop, **9**
porte: *f.* door, **1**
portefeuille: *m.* portfolio (also, wallet), **13**
porter: to wear, **10**
portrait / le portrait physique / le portrait moral: *m.* portrait, description / physical description / psychological description , **4**
poste / poste à plein temps / poste à mi-temps: *m.* position, post / full-time position / half-time position, **12**
poubelle: *f.* trash can, **8**
poulet: *m.* chicken, **5**
pourquoi: why, **2**
pratique: practical, **8**
préférer: to prefer, **2**
préliminaire: preliminary, **pré**
premier avril / Poisson d'avril: *m.* April Fool's Day / April Fool!, **7**
premier, première: first, **6**
première (la): *f.* second year of high school (lycée), **11**
prendre: to take, **5**
prendre le métro, un taxi, etc. : to take the metro, a taxi, etc. , **6**
prendre un rendez-vous: to make an appointment, **12**

prendre un repas: to have a meal, **5**
prénom(s): *m.* first (and middle) name(s), **2**
près (de) / tout près: near, close / nearby, **6**
présentateur / présentatrice: *m / f.* newscaster, **9**
présentation: *f.* introduction, **1**
presse: *f.* press (the), **9**
prétentieux / prétentieuse: pretentious, **4**
printemps / au printemps: *m.* spring / in the spring, **3**
prix / prix intéressant: *m.* price / good price, **13**
prochain(e): next, **1, 11**
produit laitier: *m.* dairy product, **5**
professeur: *m.* teacher, professor, **1**
profession: *f.* profession, **2**
programme: *m.* television schedule, **9**
promenade / faire une promenade: *f.* walk / to go for a walk, to take a walk, **3, 10**
se promener: to take a, walk, to go for a walk, **4**
promotion: *f.* promotion, **12**
propre: clean, own, **8**
propriétaire: *m, f.* owner, **12**
Provence: *f.* Provence, **3**
province: *f.* province, **3**
psychologie: *f.* psychology, **pré, 11**
psychologue: *m, f.* psychologist, **12**
publicitaire: *m.* advertising agent, **12**
publicité / pub: *f.* commercial, **9**
pull: *m.* sweater, **10**
Pyrénées: *f pl*, Pyrenees, **3**
quand: when, **2**
quantité: *f.* quantity, **5**
quarante: forty, **1**
quartier: *m.* neighborhood, **6**
quatorze: fourteen, **1**
quatorzième: fourteenth, **6**
quatre: four, **1**
quatre-vingt-dix: ninety, **3**
quatre-vingt-dix-huit: ninety-eight, **3**
quatre-vingt-dix-neuf: ninety-nine, **3**
quatre-vingt-dix-sept : ninety-seven, **3**
quatre-vingt-douze: ninety-two, **3**
quatre-vingt-onze: ninety-one, **3**
quatre-vingt-quatorze: ninety-four, **3**
quatre-vingt-quinze: ninety-five, **3**
quatre-vingts: eighty, **3**
quatre-vingt-seize: ninety-six, **3**
quatre-vingt-treize: ninety-three, **3**
quatre-vingt-un: eighty-one, **3**
quatrième: fourth, **6**
quel / quelle / quels / quelles: which, **2**
quelquefois: sometimes, **2**
question / questions personnelles: *f.* question / personal questions, **2**
qui: who, **2**
quiche (lorraine, au saumon, etc): *f.* quiche (lorraine, with salmon, etc), **5**
quinze: fifteen, **1**
quinzième: fifteenth, **6**
quitter: to leave, **9, 11**
raccrocher: to hang up (the phone), **9**
radin / radine [slang]: miserly, stingy, **13**
radio: *f.* radio, **2, 9**
raide: straight, **4**

raisin: *m.* grape, **5**
Ramadan: *m.* Ramadan, **7**
randonnée / faire de la randonnée: *f.* a walk, hiking / to go hiking, **3, 10**
ranger : to straighten up, **8**
rappeler : to call back, **9**
rarement: rarely, **2**
se raser: to shave, **4**
rater: to fail, **11**
rayé(e) / un tee-shirt rayé: striped / striped T-shirt, **10**
réaliser (un projet): to accomplish / to finish a project, **12**
réaliste: realistic, **4**
recevoir: to receive, **7**
recevoir son diplôme: to graduate, to complete one's studies, **11**
redoubler: to repeat a grade/course, **11**
réfléchir à: to reflect (on), **5**
réfrigérateur: *m.* refrigerator, **8**
regarder la télévision: to watch television, **2**
région: *f.* region, **3**
régisseur: *m.* stage manager, **12**
régler (les frais d'inscription): to pay (one's tuition/fees), **11**
relation: *f.* relationship, **13**
rembourser: to reimburse, **13**
remplir un formulaire: to fill out a form, **12**
rencontrer: to meet, **2**
rendez-vous: *m.* appointment, date, **12, 13**
rendre: to hand in, give back, **6**
rendre visite à quelqu'un: to visit someone, **6**
renseignement: *m.* information, piece of information, **9**
se renseigner: to find out about, to get information, **11**
rentrée: *f.* beginning of school year, **11**
rentrer: to go home, to go back, **6**
repas: *m.* meal, **5**
repasser: to iron, **8**
répondeur (automatique): *m.* answering machine, **9**
répondre: to answer, **6**
reporter: *m.* reporter, **9**
se reposer: to rest, **4, 10**
réservé(e): reserved, **4**
résidence actuelle: *f.* current address, **2**
résidence universitaire: *f.* dormitory, university dorm, **8, 11**
restaurant: *m.* restaurant, **6**
restaurant universitaire (restau-U): *m.* university cafeteria, **11**
restaurateur: *m.* restaurant owner, **12**
rester / rester à la maison: to stay / to stay at home, **2, 6**
résultats: *m pl*, results, grades, **11**
retourner: to return, **6**
retraite: *f.* retirement, **12**
retraité / retraitée: *m / f.* retired man/woman, **1, 12**
retroussé(e) / Il a le nez retroussé: snub / He has a snub nose., **4**
réussir (à) (un examen): to pass an exam, to succeed (in), **11**

se réveiller: to wake up, **4**
réveillon: *m.* Christmas Eve or New Year's Eve party, **7**
réveillonner: to celebrate Christmas or New Year's Eve, **7**
rêver: to dream, **2**
rez-de-chaussée: *m.* ground floor, first floor, **8**
Rhône: *m.* Rhône (river), **3**
rhume: *m.* a cold, **10**
rite: *m.* ritual, **7**
robe: *f.* dress, **10**
roller / faire du roller: *m.* roller blading / to go roller blading, **10**
roman: *m.* novel, **9**
rompre: to break up, **13**
rond(e): round, **4**
Rosh Hashana: Rosh Hashana, **7**
rôti / un rôti de bœuf: *m.* roast / a beef roast, **5**
rouge: red, **4**
roux / rousse: red (hair), red-head, **4**
rue: *f.* street, **6**
sabbat / le shabbat: *m.* sabbath , **7**
sac à dos: *m.* backpack, **1**
Sagittaire: *m.* Sagittarius, **13**
Saint-Sylvestre, le 31 décembre: *f.* New Year's Eve, **7**
Saint-Valentin, le 14 février: *f.* Valentine's Day, **7**
saison: *f.* season, **3**
salade: *f.* salad, lettuce, **5**
salaire: *m.* salary, **12**
sale: dirty, **8**
salé(e): salty, **5**
salle à manger / dans la salle à manger...: *f.* dining room / in the dining room..., **8**
salle de bains / dans la salle de bains...: *f.* bathroom / in the bathroom..., **8**
salle de classe: *f.* classroom, **1, 11**
salle de séjour / dans la salle de séjour...: *f.* living room / in the living room..., **8**
salle de tchatche: *f.* chat room, **9**
salon: *m.* living room, **8**
Salut!: Hi!, **1**
salutation: *f.* greeting, **1**
samedi: *m.* Saturday, **1**
sandales: *f.* sandal, **10**
sandwich (jambon beurre): *m.* sandwich (with ham and butter), **5**
santé: *f.* health, **10**
sapin de Noël: *m.* Christmas tree, **7**
satisfait(e): satisfied, fulfilled, **13**
saucisse: *f.* sausage, **5**
saucisson: *m.* hard sausage, **5**
saumon: *m.* salmon, **5**
science: *f.* science, **pré, 11**
sciences politiques: *f pl*, political science, **pré, 11**
Scorpion: *m.* Scorpio, **13**
séance de T.D. (travaux dirigés) / un T.D: *f.* small discussion section, **11**
séance de T.P. (travaux pratiques) / un T.P: *f.* lab section, **11**
sèche-linge: *m.* dryer, **8**
sécher un cours: to skip a class, **11**

seconde (la): *f.* first year of high school (lycée), **11**
secrétaire: *m, f.* secretary, **12**
Seine: *f.* Seine (river), **3**
seize: sixteen, **1**
seizième: sixteenth, **6**
séjour: *m.* living room, **8**
sel: *m.* salt, **5**
semaine / la semaine prochaine / la semaine dernière: *f.* week / next week / last week, **1**
Sénégal: *m.* Senegal, **2**
sénégalais(e): Senegalese, **2**
sensible : sensitive, **4**
sept: seven, **1**
septembre: *m.* September, **1**
septième: seventh, **6**
série: *f.* series, **9**
sérieux / sérieuse: serious, **4**
serveur / serveuse: *m / f.* wait person, **12**
shabbat / le sabbat : *m.* sabbath, **7**
short: *m.* shorts, **10**
signe / Quel est ton signe?: *m.* sign, **13**
signet: *m.* bookmark, **9**
sincère: sincere, **4**
site: *m.* website, **9**
situation: *f.* position (employment), **12**
six: six, **1**
sixième: sixth, **6**
ski (alpin, nautique) / faire du ski: *m.* ski, skiing (snow, water) / to go skiing, **3, 10**
soap: *m.* soap opera, **9**
sociable: sociable, **4**
sociologie: *f.* sociology, **11**
soeur: *f.* sister, **2**
sofa: *m.* couch, **8**
soir: *m.* evening, **1**
soixante: sixty, **1**
soixante et onze: seventy-one, **3**
soixante-dix: seventy, **3**
soixante-dix-huit: seventy-eight, **3**
soixante-dix-neuf: seventy-nine, **3**
soixante-dix-sept : seventy-seven, **3**
soixante-douze: seventy-two, **3**
soixante-quatorze: seventy-four, **3**
soixante-quinze: seventy-five, **3**
soixante-seize: seventy-six, **3**
soixante-treize: seventy-three, **3**
sole: *f.* sole, **5**
soleil / Il y a du soleil.: *m.* sun / It's sunny., **3**
sombre: dark, **8**
somme / somme importante: *f.* amount / substantial amount, **13**
somnifère: *m.* sleeping pill, **10**
sortir: to go out, **3, 6**
souffler: to blow out (candles), **7**
soupe (à l'oignon): *f.* (onion) soup, **5**
sourcil: *m.* eyebrow, **4**
souris: *f.* mouse, **9**
sous: under, **6**
se souvenir (de): to remember, **8**
souvent: often, **2**
se spécialiser en… (langues, maths, etc): to major in…, **11**
sport: *m.* sports, **2**
sportif / sportive: athletic, **4, 10**
stade: *m.* stadium, **6**
stage: *m.* internship, **11**
stagiaire: *m, f.* intern, **1**
star: *f.* celebrity, **9**
station: *f.* radio station, **9**
steak-frites: *m.* steak and French fries, **5**
stressé(e): stressed, **10**
stylo: *m.* pen, **1**
sucré(e): sweet, **5**
sud / dans le sud, au sud: *m.* south / in the south, **3**
Suisse: *f.* Switzerland, **2**
suisse: Swiss, **2**
suivre: to take (a course), to follow, **11**
supermarché / au supermarché: *m.* supermarket / at the supermarket, **5, 6**
sur: on, **6**
surfer: to surf (the web), **9**
surprendre: to surprise, **5**
sweat: *m.* running suit, **10**
synagogue: *f.* synagogue, **6**
tabac: *m.* tobacco, **10**
table / à table : *f.* table / at the table, **5, 8**
table basse: *f.* coffee table, **8**
tableau: *m.* painting, **8**
tableau (noir): *m.* blackboard, **1**
tâches domestiques: *f pl*, household chores, **8**
taille / de taille moyenne / Quelle est votre taille? (Je fais 1 m. 60.): *f.* height, size / of medium height / What's your height? (I'm one meter 60.), **4**
tailleur: *m.* woman's suit, **10**
talon: *m.* heel, **10**
tante: *f.* aunt, **2**
tapis: *m.* area rug or carpet, **8**
tarte / tarte à la fraise / tarte au citron / tarte aux pommes: *f.* tart / strawberry tart / lemon tart / apple tart, **5**
tasse / une tasse de: *f.* cup / a cup of, a cupful, **5**
tatou: *m.* armadillo, **pré**
tatouage: *m.* tattoo, **4**
Taureau: *m.* Taurus, **13**
taxi / en taxi: *m.* taxi / by taxi, **3**
technicien / technicienne: *m / f.* technician, **12**
techno: *f.* techno, **2**
tee-shirt: *m.* T-shirt, **10**
télécharger: to download, **9**
télécommande: *f.* remote control, **9**
téléphone / au téléphone: *m.* telephone / on the phone, **8, 9**
téléphone portable: *m.* cell phone, **9**
téléphoner à : to telephone, **2**
téléspectateur / téléspectatrice : *m / f.* television spectator, **9**
télévision / télé: *f.* television / TV, **1, 8, 9**
temple: *m.* temple, **6**
temps: *m.* weather, **3**
tennis: *m.* tennis, **2**
tennis: *f pl*, tennis shoes, **10**
tennis / jouer au tennis: *m.* tennis / to play tennis, **2**
terminale (la): *f.* final year of high school (lycée), **11**
(se) terminer: to end, **9**

terrasse: *f.* terrace, **8**
tête: *f.* head, **4, 10**
têtu/ têtue: stubborn, **4**
thé: *m.* tea, **5**
théâtre: *m.* theater, **6**
thon: *m.* tuna, **5**
timide: shy, timid, **4**
toilettes: *f pl,* toilet, **8**
tolérant(e): tolerant, **4**
tomate: *f.* tomato **5**
tomber: to fall, **6**
tomber amoureux (de)/ amoureuse : to fall in love, **2**
tomber malade: to get sick, **10**
toujours: always, **2**
tourner: to turn, **6**
Toussaint, le 1er novembre: *f.* All Saints' Day , **7**
tout droit: straight ahead, **6**
tout près: nearby, **6**
tragique: tragic, **9**
train / en train: *m.* train / by train, **3**
traiteur: *m.* deli, catering shop, **6**
tranche / une tranche de: *f.* slice / a slice of, **5**
transports: *m pl,* means of transport, **3**
travail / au travail: *m.* work, job / to at work, **3, 12**
travailler: to work, **2**
travailleur / travailleuse: *m / f.* hard-working, **4**
traverser: to cross, **6**
treize: thirteen, **1**
treizième: thirteenth, **6**
trente: thirty, **1**
trois: three, **1**
troisième: third, **6**
tromper: to cheat on, **13**
trop de: too much (too many), **5**
se trouver: to be found/to be located, **6**
trouver : to find, **2**
Tunisie: *f.* Tunisia, **2**
tunisien(ne): Tunisian, **2**
un, une: one, **1**
université: *f.* university, **3, 6**
utile: useful, **12**
vacances / passer les vacances: *f pl,* vacation / to spend a vacation, **3**
vaisselle - See 'faire la vaiselle': , **8**
Vallée de la Loire: *f.* Loire Valley, **3**
valoir / Il vaut mieux + infinitive: to be, worth / It is advisable (to), It is better (to), **10**
veau: *m.* veal, **5**
vedette: *f.* celebrity, **9**
vélo / à vélo: *m.* bicycle, bike / by bicycle, **3**
vendeur / vendeuse: *m / f.* salesperson, **12**
vendre: to sell, **6**
vendredi: *m.* Friday, **1**
vent / Il y a du vent. : *m.* wind / It's windy., **3**
ventre: *m.* stomach, **10**
verbe / verbe pronominal / verbe réfléchi / verbe réciproque: *m.* verb / pronominal verb / reflexive verb / reciprocal verb, **4, 8**
verre / un verre de: *m.* glass / a glass of, a glassful, **5**
Verseau: *m.* Aquarius, **13**
vert(e): green, **4**
veste: *f.* jacket, **10**

viande: *f.* meat, **5**
Victoire 1945, le 8 mai: *f.* VE Day (Victory in Europe), **7**
vie / Que faites-vous dans la vie? : *f.* life / What do you do for a living?, **12**
vie professionnelle: *f.* professional life, **12**
Vierge: *f.* Virgo, **13**
Vietnam: *m.* Vietnam, **2**
vietnamien(ne): Vietnamese, **2**
vieux / vieil / vieille: old, **4**
ville / en ville: *f.* city, town / in the city, **3, 6**
vin / du vin blanc (du blanc) / du vin rosé (du rosé) / du vin rouge (du rouge): *m.* wine / white wine / rosé wine / red wine, **5**
vinaigre: *m.* vinegar, **5**
vingt: twenty, **1**
vingtième: twentieth, **6**
violent(e): violent, **9**
violet / violette: purple, **4**
visage: *m.* face, **4**
visiter… (un lieu, pas une personne): to visit… (a place, not a person), **3**
vitamine: *f.* vitamin, **10**
vivre ensemble: to live together , **13**
vocabulaire: *m.* vocabulary,
Voici : Here is … (here are…), This is…, **1**
Voilà: There is… (there are…), **1**
voile: *f.* sail, **3**
voiture / en voiture: *f.* car / by car, **3**
Vosges: *f pl* , Vosges, **3**
voyager: to travel, **2**
voyagiste: *m.* travel agent, **12**
W.C.: *m pl* , toilet, **8**
web: *m.* the Web, **9**
western: *m.* western, **9**
yaourt: *m.* yogurt, **5**
yeux / un œil: *m pl,* eyes / eye, **4, 10**
Yom Kippour: *m.* Yom Kippur, **7**

ENGLISH - FRENCH

a lot / a lot (of) : beaucoup / beaucoup de
to **accomplish / to finish a project :** réaliser (un projet)
account, (bank) account : compte (bancaire) *m*
accountant : comptable *m / f*
accounting : comptabilité *f*
action film : film d'action *m*
active : actif / active
activity : activité *f*
actor / actress : acteur / actrice *m / f*
to be **addicted, to have a habit :** être accro à (l'internet, à la télé…)[slang]
adjective / adjectives which precede the noun : adjectif / adjectifs qui précèdent le nom *m*
administrative district in a large city (e.g. Paris) : arrondissement *m*
to **adore :** adorer
adventure movie : film d'aventures *m*
adverb : adverbe *m*
advertising agent : publicitaire *m*

to do **aerobics** : faire de l'aérobique
aerobics / to do aerobics : aérobique / faire de l'aérobique *f*
AES - Public affairs : administration économique et sociale *f*
Africa : Afrique *f*
African : africain(e)
afternoon : après-midi *m, f*
age : âge *m*
airport : aéroport *m*
album : album *m*
alcoholic / alcoholic beverage : alcoolisé(e) / boisson alcoolisée (f)
Algeria : Algérie *f*
Algerian : algérien(ne)
All Saints' Day : Toussaint, le 1er novembre *f*
allergy : allergie *f*
alphabet : alphabet *m*
Alps : Alpes *f pl*
Alsace : Alsace *f*
also : aussi
always : toujours
ambitious : ambitieux / ambitieuse
America : Amérique *f*
American : américain(e)
amount / substantial amount : somme / somme importante *f*
amphitheater : amphithéâtre / amphi *m*
analyst-programmer : analyste-programmeur *m*
to get **angry** : se fâcher
ankle : cheville *f*
announcer : annonceur / annonceuse *m / f*
to **answer** : répondre
answering machine : répondeur (automatique) *m*
ant : fourmi *f*
apartment : appartement *m*
apartment building : immeuble *m*
apple : pomme *f*
to **apply for a job** : faire une demande d'emploi
appointment, date : rendez-vous *m*
April: avril *m*
April Fool! : Poisson d'avril!
April Fool's Day : premier avril *m*
Aquarius : Verseau *m*
architect : architecte *m*
architecture : architecture *f*
area rug or carpet : tapis *m*
to **argue (with one another)** : se disputer
Aries : Bélier *m*
arm : bras *m*
armadillo : tatou *m*
armchair : fauteuil *m*
Armistice Day : Armistice, le 11 novembre *m*
armoire : armoire *f*
to **arrive** : arriver
arrogant : arrogant(e)
art : art *m*
Ascension Day : Ascension *f*
Asia : Asie *f*
Asian : asiatique
to **ask (for)** : demander
asparagus : asperge *f*

to **assign a grade** : noter
at someone's house : chez
at times : parfois
athletic : sportif / sportive
Atlantic Ocean : océan Atlantique *m*
ATM (automatic teller machine) : distributeur automatique de billets *m*
to **attend** : assister (à)
to **attend class** : aller en cours
attic : grenier *m*
attorney : juriste *m, f*
August : août *m*
aunt : tante *f*
Australia : Australie *f*
Australian : australien(ne)
avenue : avenue *f*
baccalaureate exam : baccalauréat / bac *m*
back : dos *m*
backpack : sac à dos *m*
bad / It's bad (weather). : mauvais(e) / Il fait mauvais.
to **be bad in/at** : être mauvais(e) en
baguette : baguette *f*
baker / at the baker's : boulanger / boulangère / chez le boulanger *m / f*
bakery : boulangerie *f*
bakery-pastry shop / at the bakery-pastry shop : boulangerie-pâtisserie / à la boulangerie-pâtisserie *f*
balcony : balcon *m*
banana : banane *f*
bank : banque *f*
banker : banquier / banquière *m / f*
basketball : basket *m*
basketball shoes : baskets *f pl*
Bastille Day, French National Day : fête nationale, le 14 juillet *f*
bathroom / in the bathroom... : salle de bains / dans la salle de bains... *f*
bathtub : baignoire *f*
beach : plage *f*
beautiful : beau / bel / belle
because : parce que
bed / to make the bed : lit / faire le lit *m*
bedroom / in the bedroom... : chambre / dans la chambre... *f*
beef : boeuf *m*
beer : bière *f*
beginning of school year : rentrée *f*
behind : derrière
Belgian : belge
Belgium : Belgique *f*
to **believe** : croire
belt : ceinture *f*
benefits (health insurance, retirement plan, etc.) : avantages sociaux *m pl*
Best wishes! : Meilleurs Voeux!
to go **bicycle riding** : faire de la bicyclette
bicycle, bike : bicyclette *f*
bicycle, bike / by bicycle : bicyclette *f*; vélo *m.* / à vélo *m*
big, fat : gros / grosse
bill / telephone bill : facture / facture de téléphone *f*

biology : biologie *f*
birthday, anniversary / Happy Birthday! : anniversaire / Bon (Joyeux) anniversaire! *m*
black : noir(e)
blackboard : tableau (noir) *m*
blond : blond / blonde
blouse : chemisier *m*
to **blow out (candles)** : souffler
blue : bleu(e)
blue collar worker : ouvrier / ouvrière *m* / *f*
boat / by boat : bateau / en bateau *m*
to go **boating** : faire du bateau
body : corps (invariable) *m*
body piercing : piercing *m*
book : livre *m*
bookcase : étagère *f*
bookmark : signet *m*
bookstore : librairie *f*
boot : botte *f*
to be **bored** : s' ennuyer
boring : ennuyeux / ennuyeuse
to be **born** : naître
boss : patron / patronne *m* / *f*
bottle / a bottle of : bouteille / une bouteille de *f*
boulevard : boulevard *m*
boutique : boutique *f*
bowl / a bowl of, a bowlful : bol / un bol de *m*
brand : marque *f*
bread : pain *m*
to **break up** : rompre
breakfast : petit déjeuner *m*
bridge : pont *m*
bright, full of light : clair(e)
to **bring somebody (along)** : amener
brioche : brioche *f*
Brittany : Bretagne *f*
to **be broke** : être fauché(e) [slang]
brother : frère *m*
brown : marron (invariable)
brown (hair), brunette : brun / brune
light brown, chestnut : châtain (invariable)
to **brush your hair** : se brosser les cheveux
to **brush your teeth** : se brosser les dents
budget : budget
to **establish a budget** : faire un budget
to go **beyond one's budget** : dépasser son budget *m*
building : bâtiment *m*
bulletin board, newsgroup : forum *m*
Burgundy : Bourgogne *f*
from **Burgundy** : bourguignon (ne)
bus / by bus : bus / en bus *m*
a **business / business (in general)** : affaire / affaires *f*
business school : Ecole de commerce *f*
business, trade / small businesses : commerce / petits commerces *m*
busy : occupé(e)
butcher / at the butcher's : boucher / chez le boucher *m*
butcher shop / at the butcher shop : boucherie / à la boucherie *f*
butter : beurre *m*
buttocks : fesses *f pl*

button-up sweater : gilet *m*
to **buy** : acheter
cabbage : chou *m*
cafeteria : cafétéria *f*
café / at the café: café *m*. / au café
cake / chocolate cake : gâteau / gâteau au chocolat *m*
calendar / French calendar : calendrier / calendrier français *m*
to **call back** : rappeler
calm : calme
can / a can of : boîte / une boîte de *f*
Canada : Canada *m*
Canadian : canadien(ne)
Cancer : Cancer *m*
candle : bougie *f*
Candlemas : Chandeleur, le 2 février *f*
canoeing / to go canoeing : canoë / faire du canoë *m*
cap : casquette *f*
Capricorn : Capricorne *m*
car / by car : voiture / en voiture *f*
caramel custard : crème caramel *f*
card, map (of the world) / to play cards : carte (du monde) / jouer aux cartes *f*
cardinal : cardinal / cardinale / cardinaux / cardinales
career : carrière *f*
carpet (wall to wall) : moquette *f*
carrot : carotte *f*
cartoon : dessin animé *m*
cashier : caissier / caissière *m* / *f*
castle : château *m*
casual : décontracté(e)
cat : chat / chatte *m* / *f*
cathedral : cathédrale *f*
CD-rom : cédérom / CD-rom *m*
to **celebrate** : célébrer
to **celebrate** : fêter
to **celebrate Christmas or New Year's Eve** : réveillonner
celebrity : célébrité *f*, personnalité (de la télévision, du cinéma, de la radio…) *f*, star *f*, vedette *f*.
cell phone : téléphone portable *m*
cellar, wine cellar : cave *f*
center / in the center : centre / au centre *m*
CEO : P.D.G. (Président Directeur Général) *m*
cereal : céréales *f pl*
ceremony : cérémonie *f*
chair : chaise *f*
chalk : craie *f*
chamber of commerce : office du tourisme *m*
champagne : champagne *m*
to **change** : changer
channel : chaîne *f*
chapter : chapitre *m*
to **chat on-line** : dialoguer en direct
chat room : salle de tchatche *f*
to **cheat on** : tromper
cheek : joue *f*
cheese : fromage *m*
chemistry : chimie *f*
cherry : cerise *f*

chess / to play chess : échecs *m pl* / jouer aux échecs
chest : poitrine *f*
chest of drawers : commode *f*
chicken : poulet *m*
chicken (rooster) stewed in red wine : coq au vin *m*
child : enfant *m, f*
child-care expenses : frais de crèche *m pl*
child-care expenses : frais de garderie *m pl*
chin : menton *m*
China : Chine *f*
Chinese : chinois *m*
Chinese : chinois(e)
chiropractor: kinésithérapeute; kiné *m*
chocolate mousse : mousse au chocolat *f*
to **choose** : choisir
chopped : haché(e)
Christmas / Merry Christmas! : Noël, le 25 décembre / Joyeux Noël! *m*
Christmas Eve or New Year's Eve party : réveillon *m*
Christmas tree : sapin de Noël *m*
church : église *f*
city hall, mayor's office : hôtel de ville *m*, mairie *f*
city, town / in the city : ville / en ville *f*
civil servant, government worker : fonctionnaire *m, f*
class / in class / classroom : classe *f* / en classe / la salle de classe
class, course / class (math class…) / to attend class : cours (invariable) *m* / cours (de maths…) / aller en cours
classified ad : petite annonce *f*
classroom : salle de classe *f*
clean : propre
to **click** : cliquer
client, customer : client / cliente *m / f*
closet, cabinet : placard *m*
cloud / It's cloudy. : nuage / Il y a des nuages. *m*
coast / on the coast : côte / sur la côte *f*
coat : manteau *m*
cockroach : cafard *m*
cocktail (before dinner drink) : apéritif *m*
coffee table : table basse *f*
coffee : café *m*
cola : coca-cola *m*
a **cold** : rhume *m*
cold / It's cold (weather). : froid(e) / Il fait froid.
college, university : fac *f*
color : couleur *f*
comedy (movie, play) : comédie *f*
comfortable : confortable
comic strip : bande-dessinée *f*
commercial : publicité / pub *f*
communications : communications *f pl*
communications (subject matter) : communication *f*
company head, business owner : chef d'entreprise *m*
competitive : compétitif / compétitive
competitive entrance exam : concours (d'entrée) *m*
computer : ordinateur *m*
computer science : informatique *f*

computer scientist : informaticien / informaticienne *m / f*
concert / to go to a concert : concert / aller au concert *m*
continent : continent *m*
to **continue** : continuer
cook : cuisinier / cuisinière *m / f*
to **cook** : faire la cuisine
cool (weather) / It's cool (weather). : frais / Il fait frais.
corner / at the corner of : coin / au coin (de) *m*
to **correct** : corriger
Corsica : Corse *f*
to **cost** : coûter
costume : costume *m*
couch : canapé *m*, sofa *m*
country : campagne *f*
country : pays *m*
couple : couple *m*
cover letter (to accompany a CV) : lettre de motivation *f*
craftsman : artisan / artisane *m / f*
crazy : fou / folle
creative : créatif / créative
crème brûlée : crème brûlée *f*
crepe : crêpe *f*
critic (film, art, etc.) : critique (de films, d'art, etc.) *m, f*
croissant : croissant *m*
crop pants : corsaire *m*
croque-monsieur with a fried egg : croque-madame *m*
to **cross** : traverser
cucumber : concombre *m*
cup / a cup of, a cupful : tasse / une tasse de *f*
curious : curieux / curieuse
curly : bouclé(e)
current address : résidence actuelle *f*
current events : actualité *f*
custom : coutume *f*
cute : mignon / mignonne
cutlet, chop / a pork chop : côtelette / une côtelette de porc *f*
to go **cycling** : faire du cyclisme, faire du vélo
cycling : cyclisme *m*
dairy product : produit laitier *m*
to **dance** : danser
dance club, disco, nightclub : discothèque *f*
dark : sombre
date / What's the date? : date / Quelle est la date? *f*
daughter : fille *f*
day : jour *m*
dear: cher chère
December : décembre *m*
dee-jay : disc-jockey / DJ *m*
deli, catering shop : traiteur *m*
delicious : délicieux / délicieuse
dentist : dentiste *m, f*
desk, office / on the desk : bureau / sur le bureau *m*
dessert : dessert *m*
detective/police movie : film policier *m*
to **detest** : détester

dictionary : dictionnaire *m*
to **die** : mourir
to be on a **diet** : être au régime; faire un régime
difficult / It is difficult (to)... : difficile / Il est difficile de
dining room / in the dining room... : salle à manger / dans la salle à manger... *f*
dinner, supper : dîner *m*
diploma, degree : diplôme *m*
dirty : sale
disciplined : discipliné(e)
to **be discouraged** : se décourager
to **do the dishes** : faire la vaisselle
dishonest : malhonnête
dishwasher : lave-vaisselle *m*
disorderliness / messy : désordre / en désordre *m*
to **divorce, to get divorced** : divorcer
doctor, physician : médecin *m*
documentary : documentaire *m*
door : porte *f*
dormitory, university dorm : résidence universitaire *f*
to **download** : télécharger
downtown : centre-ville *m*
dozen / a dozen eggs : douzaine / une douzaine d'oeufs *f*
drama : drame *m*
drawing, design : dessin *m*
to **dream** : rêver
dress : robe *f*
to **dress (oneself)** : s' habiller
to **dress, to get dressed** : s' habiller
dressy : habillé(e)
to **drink** : boire
drink, beverage / non-alcoholic beverage / alcoholic beverage : boisson / boisson non-alcoolisée / boisson alcoolisée *f*
dryer : sèche-linge *m*
duck : canard *m*
dynamic : dynamique
ear : oreille *f*
to **earn / to earn a living / to earn money** : gagner / gagner sa vie / gagner de l'argent
east / in the east : est / dans l'est, à l'est *m*
Easter / Happy Easter! : Pâques / Joyeuses Pâques! *m, f pl*
easy / It is easy (to)... : facile / Il est facile de
to **eat** : manger
e-commerce : e-commerce *m*
economical, frugal : économe
economics : économie *f*
education, training : formation *f*
egg : oeuf *m*
eggplant : aubergine *f*
eight : huit
eighteen : dix-huit
eighteenth : dix-huitième
eighth : huitième
eighty : quatre-vingts
eighty-one : quatre-vingt-un
elbow : coude *m*
eleven : onze

eleventh : onzième
elite professional school : grande école *f*
e-mail : courrier électronique *m*, email *m*, mail *m*
employee (office employee) : employé / employée (de bureau) *m / f*
to **end** : (se) terminer
end / at the far end (of) : bout / au bout (de) *m*
engagement : fiançailles *pl*
engineer : ingénieur *m*
England : Angleterre *f*
English : anglais *m*
English : anglais(e)
English Channel : Manche *f*
enough : assez de
to **enter** : entrer
to **enter a PACS contract** : se pacser
enthralling, fascinating : passionnant(e)
enthusiastic : enthousiaste
entranceway : entrée *f*
errand / to do errands : course / faire des courses *f*
to do **errands** : faire des courses
essential / It is essential (to) : essentiel / essentielle / indispensable / Il est essentiel de / Il est indispensable de
euro (currency) : euro *m*
Europe : Europe *f*
European : européen(ne)
evening : soir *m*
executive : cadre *m*
exercise : exercice *m*
to **exercise** : faire du sport
exhibition, show : exposition *f*
expenses : dépenses *m pl*
expensive : cher / chère
expression / expressions of quantity : expression / expressions de quantité *f*
extended family : famille étendue *f*
eye / eyes : œil / yeux *m*
eyebrow : sourcil *m*
eyes : yeux *m pl*
face : visage *m*
to **fail** : rater
to **fall** : tomber
fall / in the fall : automne / en automne *m*
to **fall in love** : tomber amoureux (de)/ amoureuse
family : famille *f*
famous : célèbre
far : loin (de)
fashion : mode *f*
in fashion : à la mode; branché(e)
fashion designer, seamstress : couturier / couturière *m / f*
fashion show : défilé de mode *m*
father : père *m*
Father's Day : fête des pères *f*
feast of the Assumption : Assomption, le 15 août *f*
February : février *m*
fees : frais *m pl*
to **feel like (to want to)** : avoir envie de
fiancé / fiancée : fiancé / fiancée *m / f*
fifteen : quinze
fifteenth : quinzième

fifth : cinquième
fifty : cinquante
to **fill out a form** : remplir un formulaire
final year of high school (lycée) : terminale (la) *f*
finances : finances *f pl*
to **find** : trouver
to **find out about, to get information** : se renseigner
finger : doigt *m*
to **finish** : finir
to **fire** : mettre à la porte
to **be fired** : être mis(e) à la porte
fireworks : feux d'artifice *m pl*
firm, business : entreprise *f*; boîte [slang] *f*
first : premier, première
first (and middle) name(s) : prénom(s) *m*
first course : entrée *f*
first year of high school (lycée) : seconde (la) *f*
fish : poisson *m*
fish merchant / at the fish merchant's : poissonnier / poissonnière / chez le poissonnier *m / f*
to **fit poorly** : aller mal
to **fit well** : aller bien
five : cinq
floral (print), with flowers / floral print dress : à fleurs / une robe à fleurs
the **flu** : grippe *f*
fog / It's foggy. : brouillard / Il y a du brouillard. *m*
foot / on foot : pied / à pied *m*
forehead : front *m*
foreign : étranger / étrangère
forest : forêt *f*
to **forget** : oublier
fork / a forkful of : fourchette / une forchette de *f*
form : formulaire *m*
form: forme *f*
forty : quarante
to **be found/to be located** : se trouver
four : quatre
fourteen : quatorze
fourteenth : quatorzième
fourth : quatrième
foyer : hall d'entrée *m*
franc (currency) : franc *m*
France : France *f*; Hexagone *m*
frank : franc / franche
free : gratuit(e)
freezer : congélateur *m*
French : français *m*
French : français(e)
French Guyana : Guyane française *f*
fresh : frais / fraîche
Friday : vendredi *m*
fridge : frigo *m*
friend : ami / amie *m / f*; camarade *m, f*
friend (boyfriend / girlfriend) : copain / copine *m / f*
fruit : fruit *m*
full/busy (referring to schedule) : chargé(e)
to have **fun** : s' amuser
funny : comique, drôle, marrant(e)
funny, amusing / It is fun (to)... : amusant(e) / Il est amusant de
piece of furniture / furniture : meuble / meubles *m*

to **gain weight** : grossir
game show : jeu télévisé *m*
garage : garage *m*
garden, yard / park, large garden : jardin / jardin public *m*
garlic : ail *m*
Garonne (river) : Garonne *f*
Gemini : Gémeaux *m pl*
generous : généreux / généreuse
geography : géographie *f*
German : allemand *m*
German : allemand(e)
Germany : Allemagne *f*
to **get along (with one another)** : s' entendre
to **get around (town)** : se déplacer (en ville)
to **get engaged** : se fiancer
to **get sick** : tomber malade
to **get up** : se lever
to **get your bearings** : s' orienter
gift : cadeau *m*
to **give** : donner
to **give, to offer** : offrir
glass / a glass of, a glassful : verre / un verre de *m*
glasses : lunettes *f pl*
to **go** : aller
to **go beyond one's budget** : dépasser son budget
to **go down, to go downstairs** : descendre
to **go home, to go back** : rentrer
to **go on foot** : aller à pied
to **go out** : sortir
to **go to a concert** : aller au concert
to **go to a nightclub, dance club** : aller en boîte; aller en discothèque
to **go to bed** : se coucher
to **go to the movies** : aller au cinéma
to **go to the park** : aller au parc
to **go to the university** : aller à l'université
to **go up, to go upstairs, to climb** : monter
golf : golf *m*
good : bon / bonne
to **be good in/at** : être bon(ne) en
Good day (Hello) : Bonjour
Good evening : Bonsoir
Goodbye : Au revoir
government minister : ministre *m*
grade : note *f*
grade report : bulletin de notes *m*
to **graduate, to complete one's studies** : recevoir son diplôme
gram / 50 grams of : gramme / 50 grammes de *m*
grandchild : petit-enfant *m*
grandfather : grand-père *m*
grandmother : grand-mère *f*
grandparents : grands-parents *m pl*
grape : raisin *m*
grapefruit : pamplemousse *m*
gray : gris(e)
green : vert(e)
green bean : haricot vert* *m*
green pepper : poivron vert *m*
greeting : salutation *f*
greeting card : carte de voeux *f*

grilled : grillé(e)
grocer / at the grocer's : épicier / épicière / chez l'épicier *m / f*
to **do the grocery shopping** : faire le marché
grocery store / at the grocery store : épicerie / à l'épicerie *f*
ground floor, first floor : rez-de-chaussée *m*
to **grow up** : grandir
guitar / to play the guitar : guitare / jouer de la guitare *f*
Guyanese : guyanais(e)
hair / to brush your hair / What color is your hair? : cheveux / se brosser les cheveux / De quelle couleur sont vos cheveux? *m pl*
hair dresser : coiffeur / coiffeuse *m / f*
hairstyle / What is his hair like? : coiffure / Comment est-il coiffé? *f*
Halloween : Halloween
hallway : couloir *m*
ham : jambon *m*
hand : main *f*
to **hand in, give back** : rendre
to **hang up (the phone)** : raccrocher
Hannukah : Hanouka
happy : heureux / heureuse
Happy Birthday! : Bon (Joyeux) anniversaire!
Happy Easter! : Joyeuses Pâques!
Happy New Year! : Bonne Année!
Happy Saint's Day! : Bonne fête!
hard, tough : dur(e)
hard-working : travailleur / travailleuse *m / f*
hat : chapeau *m*
to **have** : avoir
to **have a meal** : prendre un repas
have a nice meal! : Bon appétit!
to **have dinner** : dîner
to **have lunch** : déjeuner
to **have the means to** : avoir les moyens de
head : tête *f*
health : santé *f*
to **hear** : entendre
heel : talon *m*
height, size / of medium height / What's your height? (I'm one meter 60.) : taille / de taille moyenne / Quelle est votre taille? (Je fais 1 m. 60.) *f*
Hello... (phone) : Allô...
Here is ... (here are...), This is... : Voici
Hi! : Salut!
high school : lycée *m*
high school student : lycéen / lycéenne *m / f*
to go **hiking** : faire des randonnées
hip-hop : hip-hop *m*
to **hire / to be hired** : embaucher / être embauché(e)
history : histoire *f*
to make **home repairs or improvements** : bricoler
homepage : page d'accueil *f*
homework : devoirs *m pl*
to **do one's homework** : faire ses devoirs
honest : honnête
to **hope** : espérer
horoscope : horoscope *m*
horror movie : film d'épouvante *m;* film d'horreur *m*

hospital : hôpital *m*
hot / It's hot (weather). : chaud(e) / Il fait chaud.
hotel : hôtel *m*
house / at home : maison / à la maison *f*
household chores : tâches domestiques *f pl*
housekeeping : ménage / faire le ménage *m*
housewife : femme au foyer *f*
to **do housework** : faire le ménage
housing : logement *m*
how : comment
hundred (one hundred) / two hundred : cent / deux cents
to be **hungry** : avoir faim
to **hurry** : se dépêcher
to **hurt (body part) / (to have a headache, a backache, sore feet, etc)** : avoir mal à / (avoir mal à la tête, au dos, aux pieds, etc)
husband : mari *m*
hutch, buffet : buffet *m*
hypocritical : hypocrite
ice cream : glace *f*
idealistic : idéaliste
identification form : fiche d'identité *f*
Ile de France (Parisian region) : Ile de France (la région parisienne) *f*
illness : maladie *f*
impersonal expression : expression impersonnelle *f*
important / It is important (to) : important(e) / Il est important de
to **improve** : faire des progrès
in front of : devant
incapable, incompetent : incapable
indices (such as… Dow Jones Industrial Average (DJIA), NASDAQ) : indices (i.e., le CAC 40) *m pl*
indifferent : indifférent(e)
inexpensive : bon marché
infatuation-type love : amour passion *m*
information, piece of information: renseignement *n*
inheritance : héritage *m*
insurance : assurance *f*
intelligent : intelligent(e)
to **intend (to)** : avoir l'intention de
interesting : intéressant(e)
intern : stagiaire *m, f*
internet : internet *m*
internet user : internaute *m*
internship : stage *m*
interrogative : interrogatif / interrogative
intersection / at the intersection of : carrefour / au carrefour (de) *m*
interview : entretien *m*
introduction : présentation *f*
to **invite** : inviter
to **iron** : repasser
Italian : italien *m*
Italian : italien(ne)
Italy : Italie *f*
jacket : veste *f*
short jacket, leather jacket : blouson *m*
January : janvier *m*
Japan : Japon *m*
Japanese : japanese *m*

Japanese : japonais(e)
jazz : jazz *m*
jeans : jean *m*
job : emploi *m;* job *m;* boulot [slang] *m*
job application / to apply for a job : demande d'emploi / faire une demande d'emploi *f*
job market : marché du travail *m*
joke : blague *f*
to **joke** : plaisanter
juice / fruit juice : jus / jus de fruit *m*
July : juillet *m*
June : juin *m*
junior high, middle school : collège *m*
Jura (mountains) : Jura *m*
to go **kayaking** : faire du kayak
kayaking : kayak *m*
keyboard : clavier *m*
kilo / a kilo of : kilo / un kilo de *m*
kind, nice : gentil / gentille
to **kiss** : embrasser
to **kiss each other** : s' embrasser
kitchen, cooking / in the kitchen / to cook : cuisine / dans la cuisine / faire la cuisine *f*
knee : genou *m*
knife / a knife of, a knifeful : couteau / un couteau de *m*
lab section : séance de T.P. (travaux pratiques) / un T.P *f*
Labor Day : fête du Travail, le 1er mai *f*
laboratory / lab / in the lab : laboratoire / labo / au labo *m*
to **be laid off** : être licencié(e)
lake : lac *m*
lamp : lampe *f*
language : langue *f*
laptop : portable *m*
large lecture class : cours magistral / des cours magistraux *m*
last : dernier / dernière
to **last** : durer
last name : nom (de famille) *m*
later : plus tard
Latin : latin *m*
launderette : laverie *f*
laundry detergent : lessive *f*
to **do laundry** : faire la lessive
laundry room / in the laundry room : lingerie / dans la lingerie *f*
law : droit *m*
law school : Faculté de droit *f*
lawyer : avocat / avocate *m / f*
to **lay off / to be laid off** : licencier / être licencié(e)
lazy : paresseux / paresseuse
to **learn** : apprendre
to **leave** : laisser, partir, quitter
leek : poireau *m*
left / on the left : gauche / à gauche (de), sur votre gauche
leg : jambe *f*
lemon : citron *m*
Leo : Lion *m*
lettuce : laitue *f*

Libra : Balance *f*
library : bibliothèque *f*
life / What do you do for a living? : vie / Que faites-vous dans la vie? *f*
to **like, to love** : aimer
lily of the valley : muguet *m*
linguistics : linguistique *f*
link : lien *m*
to **listen to a live broadcast** : écouter en direct
to **listen to…** : écouter
listener : auditeur / auditrice *m / f*
liter / a liter of : litre / un litre de *m*
literature : littérature *f*
little : petit(e)
little / a little / a little (+ noun) : peu / un peu / un peu de
to **live** : habiter
to **live together** : vivre ensemble
living room : living *m;* salon *m;* séjour *m*
living room / in the living room… : salle de séjour / dans la salle de séjour… *f*
living together out of wedlock : concubinage *m*
Loire (river) : Loire *f*
Loire Valley : Vallée de la Loire *f*
long : long / longue
to **look for** : chercher
to **look for a job** : chercher une situation
long holiday weekend : faire le pont
Lorraine : Lorraine *f*
to **lose** : perdre
to **lose weight** : maigrir, mincir
love / the love of one's life : amour / grand amour *m*
love at first sight : coup de foudre *m*
to **love each other** : s' aimer
love life : amours *m pl*
the **love of one's life** : grand amour *m*
lunch : déjeuner *m*
Ma'am (Mrs.) / ladies : Madame / Mesdames *f*
magazine : magazine *m*
mail carrier : facteur *m*
mailbox : boîte aux lettres *f*
main course : plat principal *m*
to **major in…** : se spécialiser en… (langues, maths, etc)
major river (that flows to the sea) : fleuve *m*
to **make a donation** : faire un don
to **make an appointment** : prendre un rendez-vous
to **make an effort** : faire un effort
to **make the bed** : faire le lit
man : homme *m*
man's shirt : chemise *f*
to **manage, direct, organize** : gérer
management : gestion *f*
March : mars *m*
Mardi Gras, Carnival : Carnaval (Mardi Gras) *m*
market / at the market : marché / au marché *m*
marriage, wedding : mariage *m*
to **marry, to get married** : se marier
mass : messe *f*
Massif Central : Massif Central *m*
math : mathématiques / maths *f pl*
May : mai *m*

mayonnaise : mayonnaise *f*
meal : repas *m*
means of transport : transports *m pl*
meat : viande *f*
media : médias *m pl*
medicine : médecine *f*
medicine : médicament *m*
Mediterranean Sea : mer Méditerranée *f*
to **meet** : rencontrer
Merry Christmas! : Joyeux Noël!
message : message *m*
metro / by metro : métro / en métro *m*
Mexican : mexicain(e)
Mexico : Mexique *m*
microwave : four à micro-ondes *m*
migraine headache : migraine *f*
milk : lait *m*
million (one million) : million (1.000.000) *m*
mirror : miroir *m*
miserly : avare
miserly, stingy : radin / radine [slang]
Miss / ladies (unmarried) : Mademoiselle / Mesdemoiselles *f*
mistletoe : gui *m*
modern : moderne
Monday : lundi *m*
money : argent *m*
monitor : écran *m*
month : mois *m*
monument : monument *m*
mood, humor: humeur *f*
to **be in a bad mood** : être de mauvaise humeur
to **be in a good mood** : être de bonne humeur
morning : matin *m*
Moroccan : marocain(e)
Morocco : Maroc *m*
mortgage : emprunt-logement *m*
mosque : mosquée *f*
mot / interrogative words : mot *m* / mots interrogatifs
mother : mère *f*
Mother's Day : fête des mères *f*
motorcycle / by motorcycle : moto *f* / à moto
mountain : montagne *f*
mouse : souris *f*
mouth : bouche *f*
to **move (change residences)** : déménager
movie : film *m*
movie theater, cinema / to go to the movies : cinéma *m* / aller au cinéma
museum : musée *m*
mushroom : champignon *m*
music / classical music : musique / musique classique *f*
musical comedy : comédie musicale *f*
musician : musicien / musicienne *m* / *f*
mustard : moutarde *f*
naive : naïf / naïve
national holiday : jour férié *m*
nationality : nationalité *f*
to **navigate** : naviguer
near, close / nearby : près (de) / tout près

nearby : tout près
necessary / It is necessary (to) : nécessaire / Il est nécessaire de
to be **necessary, must, have to (obligation) / It is necessary (to)** : falloir / Il faut + infinitive
neck : cou *m*
to **need** : avoir besoin de
neighborhood : quartier *m*
nephew : neveu *m*
nervous : nerveux / nerveuse
never: ne...jamais
new : nouveau / nouvel / nouvelle
New Year's Day / Happy New Year! : Jour de l'An *m*, le premier janvier / Bonne Année!
New Year's Eve : Saint-Sylvestre *f*, le 31 décembre
news : informations *f pl*
news show : magazine d'actualités (à la télévision) *m*
news stand : kiosque (à journaux) *m*
news, newspaper (national, regional) : journal (national, régional) *m*
newscaster : présentateur / présentatrice *m / f*
next : prochain(e)
nice (weather) / It's nice (weather). : beau / Il fait beau.
niece : nièce *f*
nightclub, dance club : boîte de nuit *f*
nine : neuf
nineteen : dix-neuf
nineteenth : dix-neuvième
ninety : quatre-vingt-dix
ninety-eight : quatre-vingt-dix-huit
ninety-five : quatre-vingt-quinze
ninety-four : quatre-vingt-quatorze
ninety-nine : quatre-vingt-dix-neuf
ninety-one : quatre-vingt-onze
ninety-seven : quatre-vingt-dix-sept
ninety-six : quatre-vingt-seize
ninety-three : quatre-vingt-treize
ninety-two : quatre-vingt-douze
ninth : neuvième
non-alcoholic / non-alcoholic beverage : non-alcoolisé(e) / boisson non-alcoolisée (f)
Normandy : Normandie *f*
north / in the north : nord / dans le nord, au nord *m*
North America : Amérique du Nord *f*
nose : nez *m*
notebook : cahier *m*
novel : roman *m*
November : novembre *m*
now : maintenant
number / cardinal numbers / ordinal numbers : nombre / nombres cardinaux / nombres ordinaux *m*
nurse : infirmier / infirmière *m / f*
to **obey** : obéir à
ocean : océan *m*
Oceania (the South Sea Islands) : Océanie *f*
October : octobre *m*
official : officiel / officielle
often : souvent
oil : huile *f*
old : ancien(ne)
old : vieux / vieil / vieille

omelette (with herbs, cheese) : omelette (aux fines herbes, au fromage, etc) *f*
on : sur
one : un, une
onion : oignon *m*
online : en-ligne
only child (female) : fille unique *f*
only child (male) : fils unique *m*
to **open** : ouvrir
optician : opticien / opticienne *m* / *f*
optimistic : optimiste
orange : orange *f*
orange (color) : orange (invariable)
to **order / at the café, you order…** : commander / au café, on commande…
order / straightened up : ordre *m* / en ordre
other : autre
out of style : démodé(e)
oven : four *m*
owner : propriétaire *m*, *f*
PACS contract : PACS *m*
pager : alphapage *m*
to **paint (art)** : faire de la peinture
painter : peintre *m*
painting : peinture *f*
painting : tableau *m*
painting / to paint (art) : peinture *m* / faire de la peinture
pants (a pair of) : pantalon *m*
paper / presentation : exposé oral *m*
paper/stationery store : papeterie *f*
parade, (military) parade : défilé (militaire) *m*
parents, relatives : parents *m pl*
park : parc *m*
parka : anorak *m*
parking lot : parking *m*
to **party** : faire la fête
to **pass an exam, to succeed (in)** : réussir (à) (un examen)
to **pass, to go by (intransitive), to spend (time)** : passer
passing grade : moyenne *f*
Passover : pâque juive / Pessach *f*
password : mot de passe *m*
pastime : passe-temps (invariable) *m*
pastry chef / at the pastry chef's : pâtissier / pâtissière / chez le pâtissier *m* / *f*
pastry, pastry shop : pâtisserie *f*
pâté : pâté *m*
patient : patient(e)
to **pay (one's tuition/fees)** : régler (les frais d'inscription)
to **pay / to pay taxes** : payer / payer des impôts
peach : pêche *f*
pear : poire *f*
peas : petits pois *m pl*
pen : stylo *m*
pencil : crayon *m*
people : gens *m pl*
pepper : poivre *m*
person : personne *f*
personal : personnel / personnelle

pessimistic : pessimiste
pharmacist : pharmacien /pharmacienne *m* / *f*
pharmacy : pharmacie *f*
philosophy : philosophie *f*
phone book : annuaire (téléphonique) *m*
phone booth, telephone booth : cabine téléphonique *f*
phone card : carte téléphonique *f*
phone number : numéro de téléphone *m*
physical : physique
physical education : EPS (éducation physique et sportive) *f*
physical therapist : kinésithérapeute; kiné *m*
physics : physique *f*
piano / to play the piano : piano / jouer du piano *m*
to **pick up/answer (the phone)** : décrocher
to try to **pick up, to hit on, to flirt** : draguer
picnic : pique-nique *m*
piece / a piece of : morceau / un morceau de *m*
body **piercing** : piercing *m.*
Pisces : Poissons *m pl*
pitcher / a pitcher of : pichet / un pichet de *m*
place : lieu *m*
plaid / plaid shirt : à carreaux / une chemise à carreaux
plane / by plane : avion / en avion *m*
plate / a plate of, a plateful : assiette / une assiette de *f*
to **play an April Fools joke (on someone)** : faire un poisson d'avril
to **play… soccer / tennis / cards / chess / guitar / piano** : jouer…au foot / au tennis / aux cartes / aux échecs / de la guitare / du piano /
pleasant : agréable
pointed / He has a snub nose. : pointu(e) / Il a le nez pointu.
points of the compass : points cardinaux *m pl*
police officer : policier *m*
political science : sciences politiques *f pl*
polo shirt : polo *m*
pork : porc *m*
pork butcher / at the pork butcher's : charcutier / charcutière / chez le charcutier *m* / *f*
pork butcher shop, delicatessen / at the pork butcher shop/delicatessen : charcuterie / à la charcuterie *f*
portfolio (also, wallet) : portefeuille *m*
portrait, description / physical description / psychological description : portrait / le portrait physique / le portrait moral *m*
position (employment) : situation *f*
position, post / full-time position / half-time position : poste / poste à plein temps / poste à mi-temps *m*
post office : bureau de poste *m*
poster : affiche *f*
potato : pomme de terre *f*
practical : pratique
to **prefer** : préférer
preliminary : préliminaire
press (the) : presse *f*
pretentious : prétentieux / prétentieuse

pretty : joli(e)
price / good price : prix / prix intéressant *m*
profession : profession *f*
profession, career, job : métier *m*
professional life : vie professionnelle *f*
promotion : promotion *f*
Provence : Provence *f*
province : province *f*
psychologist : psychologue *m, f*
psychology : psychologie *f*
public square : place *f*
purchase / to go shopping : achat / faire des achats *m*
purple : violet / violette
to **put (on)** : mettre
to **put aside, to save** : mettre de côté
to **put on make-up** : se maquiller
Pyrenees : Pyrénées *f pl*
quantity : quantité *f*
question / personal questions : question / questions personnelles *f*
quiche (lorraine, with salmon, etc) : quiche (lorraine, au saumon, etc) *f*
radio : radio *f*
radio station : station *f*
to **rain / It's raining.** : pleuvoir / Il pleut.
raincoat : imperméable *m*
Ramadan : Ramadan *m*
rarely : rarement
raspberry : framboise *f*
raw vegetables with vinaigrette : crudités *f.pl*
to **read** : lire
realistic : réaliste
rear, behind : derrière *m*
to **receive** : recevoir
to **receive a passing grade** : avoir la moyenne
red : rouge
red (hair), red-head : roux / rousse
to **reflect (on)** : réfléchir à
refrigerator : réfrigérateur *m*
region : région *f*
to **register/enroll (in college, in the film club...)** : s'inscrire (à la fac, au ciné-club…)
to **reimburse** : rembourser
relationship : relation *f*
to **relax** : se détendre
to **remember** : se souvenir (de)
remote control : télécommande *f*
to **rent** : louer
rent : loyer *m*
to **repeat a grade/course** : redoubler
reporter : reporter *m*
reporter, journalist : journaliste *m, f*
researcher : chercheur *m*
reserved : réservé(e)
resourceful : débrouillard(e)
to **rest** : se reposer
restaurant : restaurant *m*
restaurant owner : restaurateur *m*
results, grades : résultats *m pl*
résumé : curriculum vitae (CV) *m*
retired man/woman : retraité / retraitée *m / f*

retirement : retraite *f*
to **return** : retourner
Rhône (river) : Rhône *m*
right / on the right / straight ahead : droit(e) / à droite (de), sur votre droite / tout droit
ritual : rite *m*
the **Riviera** : Côte d'Azur *f*
roast / a beef roast : rôti / un rôti de bœuf *m*
rock-climbing / to go rock-climbing : escalade / faire de l'escalade *f*
roll : petit pain *m*
roller blading : roller *m*
to go **roller blading**: faire du roller
romantic movie : film d'amour *m*
room (general term) : pièce *f*
Rosh Hashana : Rosh Hashana
round : rond(e)
to go **running** : faire de la course à pied
to go **running** : faire du footing
running / to go running : course à pied *f*; footing / faire de la course à pied / faire du footing
running suit : sweat *m*
sabbath : shabbat / le sabbat *m*
Sagittarius : Sagittaire *m*
sail : voile *f*
sailboarding, windsurfing / to go sailboarding/windsurfing : planche à voile / faire de la planche à voile *f*
to go **sailing** : faire de la voile
saint's day, celebration, party / holidays / Happy Saint's Day! : fête / fêtes / Bonne fête! *f*
salad, lettuce : salade *f*
salary : salaire *m*
to **be on sale** : être en solde
salesperson : vendeur / vendeuse *m / f*
salmon : saumon *m*
salt : sel *m*
salty : salé(e)
sandal : sandales *f*
sandwich (with ham and butter) : sandwich (jambon beurre) *m*
Santa Claus : Père Noël *m*
satisfied, fulfilled : satisfait(e)
Saturday : samedi *m*
sausage : saucisse *f*
hard **sausage** : saucisson *m*
to **save money** : faire des économies
savings and loan association : caisse d'épargne *f*
scar : cicatrice *f*
schedule : emploi du temps *m*
school : école *f*
school of fine arts : Faculté des Beaux-Arts *f*
school of humanities/liberal arts : Faculté des lettres et des sciences humaines *f*
school of medicine : Faculté de médecine *f*
school of pharmacy : Faculté de pharmacie *f*
school of sciences : Faculté des sciences *f*
science : science *f*
science-fiction movie : film de science-fiction *m*
Scorpio : Scorpion *m*
sea : mer *f*

seafood shop / at the seafood shop : poissonnerie / à la poissonnerie *f*
search engine : moteur de recherche *m*
season : saison *f*
second : deuxième
second year of high school (lycée) : (la) première *f*
second-hand : (d') occasion
secretary : secrétaire *m, f*
Seine (river) : Seine *f*
selfish : égoïste
to **sell** : vendre
Senegal : Sénégal *m*
Senegalese : sénégalais(e)
sensitive : sensible
September : septembre *m*
series : feuilleton *m*; série *f*
serious : sérieux / sérieuse
seven : sept
seventeen : dix-sept
seventeenth : dix-septième
seventh : septième
seventy : soixante-dix
seventy-eight : soixante-dix-huit
seventy-five : soixante-quinze
seventy-four : soixante-quatorze
seventy-nine : soixante-dix-neuf
seventy-one : soixante et onze
seventy-seven : soixante-dix-sept
seventy-six : soixante-seize
seventy-three : soixante-treize
seventy-two : soixante-douze
to **be in shape** : être en forme
to **share** : partager
shareholder : actionnaire *m, f*
to **shave** : se raser
shoe : chaussure *f*
shopkeeper, store owner : commerçant / commerçante *m / f*
to go **shopping** : faire des achats
shopping center, mall : centre commercial *m*
short : court(e)
shorts : short *m*
show : émission *f*
to **show** : montrer
shower : douche *f*
shy, timid : timide
sick / to get sick : malade / tomber malade
side / beside, next to : côté / à côté (de) *m*
side, face / facing, opposite : face / en face (de) *f*
sign / What is your sign? : signe / Quel est ton signe? *m*
sincere : sincère
to **sing** : chanter
singer : chanteur / chanteuse *m / f*
sink (kitchen) : évier *m*
sink (bathroom) : lavabo *m*
Sir / gentlemen : Monsieur / Messieurs *m*
sister : soeur *f*
six : six
sixteen : seize
sixteenth : seizième
sixth : sixième
sixty : soixante
ski, skiing (snow, water) / to go skiing : ski (alpin, nautique) / faire du ski *m*
to **skip a class** : sécher un cours
skirt : jupe *f*
to **sleep** : dormir
sleeping pill : somnifère *m*
slice / a slice of : tranche / une tranche de *f*
small businesses : petits commerces *m pl*
small discussion section : séance de T.D. (travaux dirigés) / un T.D *f*
to **smoke** : fumer
snack : goûter *m*
snail : escargot *m*
to **snow / It's snowing.** : neiger / Il neige.
snub / He has a snub nose. : retroussé(e) / Il a le nez retroussé
soap opera : soap *m*
soccer : football *m*
sociable : sociable
social worker : assistante sociale *f*
sociology : sociologie *f*
sock : chaussette *f*
soldier : militaire *m*
sole : sole *f*
sometimes : quelquefois
son : fils *m*
song : chanson *f*
soon / see you soon : bientôt / à bientôt
(onion) soup : soupe (à l'oignon) *f*
south / in the south : sud / dans le sud, au sud *m*
South America : Amérique du Sud *f*
Spain : Espagne *f*
Spanish : espagnol *m*
Spanish : espagnol(e)
to **speak** : parler
to **spend** : dépenser
spend a vacation : passer les vacances *f pl*
spendthrift : dépensier / dépensière *m / f*
spice : épice *f*
spicy : épicé(e)
spinach : épinard *m*
spoon / a spoonful of : cuillère / une cuillère de *f*
sports : sport *m*
spring / in the spring : printemps / au printemps *m*
square : carré(e)
squirrel : écureuil *m*
stadium : stade *m*
stage manager : régisseur *m*
staircase, stairs : escalier *m*
to **stay / to stay at home** : rester / rester à la maison
steak and French fries : steak-frites *m*
step / just a step from : pas / à deux pas (de) *m*
stereo : chaîne-stéréo *f*
stock market / (Paris) stock market : bourse / bourse (de Paris) *f*
stocks : actions *f pl*
stomach : ventre *m*
store (music, video, etc.) : magasin (de musique, de vidéo, etc.) *m*
storm / There are storms. : orage / Il y a des orages. *m*

stove : cuisinière *f*
straight : raide
straight ahead : tout droit
to **straighten up** : ranger
strawberry : fraise *f*
street : rue *f*
stressed : stressé(e)
striped / striped T-shirt : rayé(e) / un tee-shirt rayé
stubborn : têtu/ têtue
student / I am a student in...(French, math, etc.) : étudiant / étudiante / Je suis étudiant(e) en... (français, maths, etc.) *m / f*
student ID card : carte d'étudiant *f*
student paper : copie *f*
student who has passed the bac : bachelier / bachelière *m / f*
to **study** : étudier
study / high school studies / university studies : étude / études secondaires / études supérieures *f*
subject (school) : matière *f*
subscription : abonnement *m*
suburbs : banlieue *f*
to **suck in/at [slang]** : être nul(le) en [slang]
man's **suit** : costume *m*
woman's **suit** : tailleur *m*
summer / in the summer : été / en été *m*
sun / It's sunny. : soleil / Il y a du soleil. *m*
Sunday : dimanche *m*
sunglasses : lunettes de soleil *f pl*
supermarket / at the supermarket : supermarché / au supermarché *m*
to **surf (the web)** : surfer
to **surprise** : surprendre
sweater : pull *m*
sweet : sucré(e)
to **swim** : nager
to go **swimming** : faire de la natation
swimming / to go swimming : natation / faire de la natation *f*
swimsuit : maillot de bain *m*
Swiss : suisse
Switzerland : Suisse *f*
synagogue : synagogue *f*
table / at the table : table / à table *f*
to **take** : prendre
to **take (a course), to follow** : suivre
to **take an exam** : passer un examen
to **take somebody (along)** : emmener
to **take the metro, a taxi, etc.** : prendre le métro, un taxi, etc.
to **talk to (one another)** : se parler
tall, big : grand(e)
tart / strawberry tart / lemon tart / apple tart : tarte / tarte à la fraise / tarte au citron / tarte aux pommes *f*
tattoo : tatouage *m*
Taurus : Taureau *m*
tax / to pay taxes : impôt / payer des impôts *m*
taxi / by taxi : taxi / en taxi *m*
tea : thé *m*
to **teach someone** : apprendre à quelqu'un
teacher : enseignant *m*

teacher (elementary school) : instituteur / institutrice *m / f*
teacher, professor : professeur *m*
technician : technicien / technicienne *m / f*
techno : techno *f*
to **telephone** : téléphoner à
telephone / on the phone : téléphone / au téléphone *m*
television / TV : télévision / télé *f*
television schedule : programme *m*
television spectator : téléspectateur / téléspectatrice *m / f*
temple : temple *m*
ten : dix
tennis / to play tennis : tennis / jouer au tennis *m*
tennis shoes : tennis *f pl*
tenth : dixième
term paper : mémoire *m*
terminal connected to the French telecommunications system : minitel *m*
terrace : terrasse *f*
test, exam : contrôle *m*, examen *m*
theater : théâtre *m*
There is, there are... : Il y a
There is... (there are...) : Voilà
thin, skinny : maigre
thin, slender : mince
third : troisième
to be **thirsty** : avoir soif
thirteen : treize
thirteenth : treizième
thirty : trente
three : trois
throat : gorge *f*
Thursday : jeudi *m*
tie : cravate *f*
time (the), hour / official time : heure / l'heure officielle *f*
tiring, annoying / It is tiring/annoying (to)... : fatiguant(e) / Il est fatiguant de
toasted cheese sandwich with ham : croque-monsieur *m*
tobacco : tabac *m*
tobacco shop : bureau de tabac *m*
today : aujourd'hui
toilet : toilettes *f pl;* W.C. *m pl*
tolerant : tolérant(e)
tomato : tomate *f*
tomorrow / see you tomorrow : demain / à demain
too much (too many) : trop de
tooth / teeth / to brush your teeth : dent / dents / se brosser les dents *f*
tour bus / by tour bus : car *m* / en car
tragic : tragique
train / by train : train / en train *m*
train station : gare *f*
to **train with weights** : faire de la musculation
to **be transferred** : être muté(e)
trash can : poubelle *f*
to **travel** : voyager
travel agent : agent de voyage *m*, voyagiste *m*
to **try** : essayer

T-shirt : tee-shirt *m*
Tuesday : mardi *m*
tuition, education expenses : frais de scolarité *m pl*
tuna : thon *m*
Tunisia : Tunisie *f*
Tunisian : tunisien(ne)
turkey : dinde *f*
to **turn** : tourner
twelfth : douzième
twelve : douze
twentieth : vingtième
twenty : vingt
two : deux
uncle : oncle *m*
under : sous
to **understand** : comprendre
unemployed person : chômeur / chômeuse *m / f*
unemployment : chômage *m*
United States : Etats Unis *m pl*
university : université *f*
university cafeteria : restaurant universitaire (restau-U) *m*
unpleasant : désagréable
to **update** : mettre à jour
useful : utile
useless : inutile
vacation / to spend a vacation : vacances / passer les vacances *f pl*
vacation day : congé *m*
vacuum cleaner : aspirateur *m*
to **vacuum** : passer l'aspirateur
Valentine's Day : Saint-Valentin, le 14 février *f*
variety show : émission de variétés *f*
VE Day (Victory in Europe) : Victoire 1945, le 8 mai *f*
veal : veau *m*
vegetable : légume *m*
verb / pronominal verb / reflexive verb / reciprocal verb : verbe / verbe pronominal / verbe réfléchi / verbe réciproque *m*
videocassette recorder, VCR : magnétoscope *m*
Vietnam : Vietnam *m*
Vietnamese : vietnamien(ne)
vinegar : vinaigre *m*
violent : violent(e)
Virgo : Vierge *f*
virtual postcard : carte postale virtuelle *f*
to **visit someone** : rendre visite à quelqu'un
to **visit… (a place)** : visiter… (un lieu)
vitamin : vitamine *f*
vocabulary : vocabulaire *m*
Vosges : Vosges *f pl*
to **wait for** : attendre
waiter / waitress : serveur / serveuse *m / f*
to **wake up** : se réveiller
a **walk** : randonnée *f*, promenade *f*
to **walk** : marcher
to go for a walk, to take a walk : faire une promenade *f*, se promener; **to go hiking** : faire des randonnées *f*
walnut : noix *f*
to **wash (oneself)** : se laver

washing machine : lave-linge *m*
to **waste** : gaspiller
to **watch television** : regarder la télévision
water / mineral water : eau / eau minérale *f*
to **wear** : porter
weather : temps *m*
weather report : météo *f*
the **web** : web *m*
website : site *m*
wedding : noces *f pl*
wedding anniversary : anniversaire de mariage *m*
Wednesday : mercredi *m*
week / next week / last week : semaine / la semaine prochaine / la semaine dernière *f*
to **weigh / How much do you weigh? (I weigh 55 kilos.)** : peser / Combien pesez-vous? (Je fais 55 kilos.)
weight training / to train with weights : musculation / faire de la musculation *f*
west / in the west : ouest / dans l'ouest, à l'ouest *m*
western : western *m*
when : quand
where : où
which : quel / quelle / quels / quelles
white : blanc / blanche
who : qui
why : pourquoi
wind / It's windy. : vent / Il y a du vent. *m*
window : fenêtre *f*
to go **windsurfing, sailboarding** : faire de la planche à voile
wine / white wine / rosé wine / red wine : vin / du vin blanc (du blanc) / du vin rosé (du rosé) / du vin rouge (du rouge) *m*
winter / in the winter : hiver / en hiver *m*
to do **without** : se passer de
woman, wife : femme *f*
to **work** : travailler
work, job / to, at work : travail / au travail *m*
world / working world : monde / monde du travail *m*
to **worry** : s' inquiéter
to be **worth / It is advisable (to), It is better (to)** : valoir / Il vaut mieux + infinitive
wrist : poignet *m*
writer : écrivain *m*
year : année *f*
yellow : jaune
yogurt : yaourt *m*
Yom Kippur : Yom Kippour *m*
young : jeune
Yule log (also a cake in the shape of a Yule log) : bûche de Noël *f*
zucchini : courgette *f*

www.ingramcontent.com/pod-product-compliance
Lightning Source LLC
Chambersburg PA
CBHW080517090426
42734CB00015B/3080